Herausgeber

Holger Clas (Jg. 1965), tätig als Erster Kriminalhauptkommissar im Landeskriminalamt Hamburg, hat sich bereits in den 1990er-Jahren im Rahmen seiner Diplomarbeit mit Fürsorgemöglichkeiten des Dienstherrn bei Posttraumatischen Belastungsreaktionen beschäftigt und in 38 Dienstjahren viele herausfordernde Einsatzsituationen erlebt. Er ist seit 1989 glücklich mit seiner Frau Dörte verheiratet und hat zwei erwachsene Kinder. Seit 1983 im Polizeidienst, engagiert er sich fast ebenso lange für die Christliche Polizeivereinigung e. V., deren Erster Vorsitzender er zurzeit ist.

Torsten Bödeker (Jg. 1960). Der Leitende Polizeidirektor a. D. war in seiner über 40-jährigen Dienstzeit in unterschiedlichen Führungsfunktionen tätig, zuletzt als Personalchef der Hamburger Polizei. Ihm lag besonders der verantwortungsvolle Umgang mit belastenden persönlichen Schicksalen am Herzen. Die Landesgruppe Hamburg der Christlichen Polizeivereinigung gründete er 1983. Mit seiner Frau Sabine ist er noch länger glücklich verheiratet – mittlerweile sind sie mehrfache Großeltern.

Inhalt

UNTER DIE HAUT

UMGANG MIT **EXTREMSITUATIONEN** BEI POLIZEI UND FEUERWEHR

Holger Clas |
Torsten Bödeker [Hg.]

Unter die Haut
Umgang mit Extremsituationen bei Polizei und Feuerwehr
Holger Clas, Torsten Bödeker [Hg.]

Best.-Nr. 271 722
ISBN 978-3-86353-722-7

1. Auflage
© 2022 Christliche Verlagsgesellschaft Dillenburg
www.cv-dillenburg.de

Satz und Umschlaggestaltung:
Christliche Verlagsgesellschaft Dillenburg

Bibelverse wurden zitiert nach:
NeÜ bibel.heute,
© 2010 Karl-Heinz Vanheiden und Christliche Verlagsgesellschaft

Hoffnung für alle, © 1983, 1996, 2002, 2015 by Biblica, Inc. ®
mit freundlicher Genehmigung des Herausgebers
Fontis-Brunnen Basel

Neues Leben. Die Bibel
© der deutschen Ausgabe 2002/2006/2017 by SCM R.Brockhaus
in der SCM Verlagsgruppe GmbH, Witten/Holzgerlingen

Druck: GGP Media GmbH, Pößneck
Printed in Germany

Vorwort

Liebe Leserinnen und Leser,
Polizisten und Feuerwehrleute haben viele
Gemeinsamkeiten. Beide werden immer wieder mit extremen
Ereignissen konfrontiert und bilden nicht selten eine Gefahrengemeinschaft. Beide unterliegen besonderen Anforderungen an die körperliche und geistige Leistungsfähigkeit sowie an die seelische Belastbarkeit. Beide bringen nicht selten ihr eigenes Leben in Gefahr.

Holger Clas,
Erster Kriminalhauptkommissar
Erster Vorsitzender der CPV-D

In den drei Jahrzehnten meiner beruflichen Tätigkeit bei der Polizei stand ich der einen oder anderen dramatischen Szene gegenüber. So gab es schreckliche Unfälle, schockierende Tatorte und aufwühlende Leiderfahrungen, die im Gedächtnis haften blieben.

Wie gehen Feuerwehrleute und Polizeibeamte mit diesen furchtbaren Eindrücken um? Wie verarbeiten sie die schrecklichen Bilder, die sie am Einsatzort erwarten? Wie reagieren sie auf das menschliche Leid? Dieses Buch möchte darauf Antworten geben und für die Problematik sensibilisieren, dass manchmal die menschlichen Selbstschutzmöglichkeiten an ihre Grenzen geraten und posttraumatische Belastungsreaktionen folgen können.

Zur Betrachtung dieses Phänomens haben die Christlichen Polizeivereinigungen Deutschland, Österreich und Schweiz erstmalig mit der Christlichen Feuerwehrvereinigung zusammengearbeitet. Aus unserer internationalen Arbeit wissen wir, dass die bei uns übliche Trennung zwischen Feuerwehr und Polizei bei den christlichen Berufsvereinigungen anderer Länder aus guten Gründen nicht vorgenommen wird.

In diesem Buch kommen praxisbewährte Einsatzkräfte von Polizei und Feuerwehr sowie eine erfahrene Psychotherapeutin und ein langjähriger Polizeiseelsorger zu Wort. Gemeinsam wollen wir Extremereignisse von verschiedenen Seiten betrachten und Möglichkeiten des professionellen Umgangs damit aufzeigen.

Holger Clas
Erster Vorsitzender der Christlichen Polizeivereinigung e. V.
(Deutschland)

Grußwort von Joachim Herrmann

Liebe Leserinnen und Leser, die Polizei und die Feuerwehren sind gemeinsam mit den weiteren Hilfs- und Rettungskräften tragende Säulen der Sicherheit in unserem Land. Sie sind der Garant dafür, dass wir alle in dem Bewusstsein leben können, in Krisen und Notsituationen stets auf professionelle und rasche Hilfe vertrauen zu dürfen.

Unsere Polizeibeamtinnen und Polizeibeamten sowie unsere Feuerwehrfrauen und Feuerwehrmänner sind in ihrer tagtäglichen Arbeit dabei regelmäßig

Joachim Herrmann,
Bayerischer Staatsminister
des Innern

mit Gewalt, Angst und Leid konfrontiert. Sie müssen die schwierigsten Einsatzsituationen häufig sogar unter hohem Zeitdruck meistern und erleben Extremsituationen bis hin zum Tod von Kolleginnen und Kollegen oder Verletzten. Nicht selten erfordert die Hilfe anderer

Menschen auch den Einsatz und die Gefahr des eigenen Lebens.

Neben körperlichen Verletzungen können insbesondere auch die psychischen Beeinträchtigungen, die mit solchen dramatischen Erlebnissen einhergehen, für die Betroffenen sowohl im beruflichen als auch im privaten Alltag stark belastend sein. Wir müssen daher alles Menschenmögliche tun, um für die Betroffenen die bestmögliche Unterstützung, Beratung und Hilfe sicherzustellen.

Ich danke der Christlichen Polizeivereinigung e. V. deshalb sehr herzlich für ihren unermüdlichen Einsatz und den unschätzbar wertvollen Beitrag, den sie hierfür leistet. Mit hoher fachlicher Kompetenz und viel Herz setzt sich die Christliche Polizeivereinigung e. V. als überkonfessioneller und gemeinnütziger Berufsverband seit vielen Jahren für das Wohl der Einsatzkräfte ein. Mit ihren Partnerinnen und Partnern gibt sie eine wertebezogene Orientierung, vermittelt professionelle Unterstützung und fungiert als geistige und moralische Stütze. Dafür ein herzliches „Vergelt's Gott!". Ich wünsche mir, dass das neue Buch auch über Polizei- und Feuerwehrkreise hinaus für das Thema „Umgang mit Extremsituationen" sensibilisiert.

Joachim Herrmann
Bayerischer Staatsminister des Innern, für Sport und Integration

Grußwort von Roman Fertinger

Liebe Kolleginnen und Kollegen von Polizei und Feuerwehr, die sehr persönlichen Berichte in diesem Buch zeigen: Wer sich berufen fühlt, in einer der beiden Blaulichtorganisationen zu arbeiten, sollte sich vorab ein umfassendes Bild über den Dienst und die Herausforderungen machen. Helfer und Retter in der Not zu sein ist die eine, die glänzende Seite der Medaille, das andere ist die belastende und gefährliche Schattenseite.

Roman Fertinger,
Polizeipräsident Mittelfranken

Gerade letztere verlangt Nervenstärke, außergewöhnliche physische und psychische Belastbarkeit sowie die Bereitschaft, Risiken in Kauf zu nehmen. Man wird zwar in der Ausbildung auf vieles gut vorbereitet, die Realität sieht aber noch viel schwieriger aus: zu wenige und sich widersprechende Informationen zu Beginn eines Einsatzes, verzögerte Notrufe, zu lange

Anfahrten, die begrenzten Einsatzmittel am Anfang, die Schwere der Verletzungen bei Opfern, der Anblick von Leichen, die Abwehr von Schaulustigen, das eigene Lebensrisiko, die parallele Tatortarbeit, die Betreuung von Opfern und ihren Angehörigen, die Medienbetreuung usw.

Darüber hinaus haben wir es mit einer steigenden Anzahl von Angriffen auf unsere Einsatzkräfte zu tun. Die Wertschätzung unserer Arbeit nimmt ab, und zwar deutlich.

Und trotzdem müssen wir funktionieren, dürfen keine Schwächen zeigen, alles unter Kontrolle behalten und in jeder Phase des Einsatzes professionell agieren. Alles Anforderungen, die leicht zur Überforderung werden können.

Dabei stellen sich berechtigterweise Fragen: Warum lässt der allmächtige Gott überhaupt all das Leid und die Not zu? Wäre es ihm nicht ein Leichtes, die Unglücksszenarien zu verhindern, vor allem dann, wenn völlig Unschuldige betroffen sind? Wo ist der gnädige und rettende Gott? Auch wenn uns oft die Antworten verwehrt bleiben, so dürfen wir aus den Einsatz- und Zeugnisberichten dieses Buches die Zuversicht schöpfen, dass Gott uns im Leid und in der Not nicht allein lässt. Ich danke daher allen, die uns an ihren Erfahrungen teilhaben lassen, und wünsche eine große Zahl interessierter Leser und Leserinnen.

Polizeipräsident Roman Fertinger, Mittelfranken
Langjähriges Mitglied der Christlichen Polizeivereinigung e. V.

Die junge Hand

Ich bin Feuerwehrfrau – und das auch noch freiwillig. Wie „irre" muss man sein, um sich freiwillig in Situationen zu begeben, vor denen „normale" Menschen weglaufen? Für mich war und ist es eine „Herzensangelegenheit". Schon als Kind träumte ich davon, Feuerwehrfrau zu werden. In den 1980er-Jahren in meiner damaligen Heimat: unmöglich! Damals durften nur Männer zur Feuerwehr. Als in den 1990er-Jahren erstmals Frauen zugelassen wurden, war ich alleinerziehende Mutter und der Traum von der Feuerwehrfrau begraben. Dann, im „zarten" Alter von 42

Tina Feuser,
Feuerwehrfrau bei der
freiwilligen Feuerwehr

Jahren, habe ich einmal meinen Sohn, der damals bei der Jugendfeuerwehr war, begleitet, mir „Feuerwehr" angeschaut und wurde eingeladen, bei einer Übung mitzumachen. Drei Monate später habe ich die Grundausbildung begonnen.

Während meiner Grundausbildung waren Posttraumatische Belastungsreaktionen, Einsatznachsorge, Symptome etc. noch keine wirklichen Themen. Viele „alte Hasen" suggerierten eher, dass man „Bilder" wegtrinken könne. Durch meine Arbeit in der Altenpflege und als ehrenamtliche Hospizhelferin kannte ich aber auch die Belastungen, die im Inneren entstehen können, und wusste bereits, wie ungemein wichtig es ist, diese Signale des Körpers nicht zu ignorieren.

So auch bei einem schrecklichen Einsatz, zu dem wir gerufen wurden. Schon beim Eintreffen am Unfallort wusste ich, dass ich nach dem Einsatz Hilfe brauchen würde. Das Einsatzstichwort – an einem Sonntagmorgen um 4:30 Uhr – lautete: „VU – PKW überschlagen – TH"[1]. Beim Eintreffen schaute ich zufällig auf das Kennzeichen des verunfallten PKW mit den Ziffern 1994. Das war das Geburtsjahr meines Sohnes – und das löste bei mir sofort Emotionen aus.

Mitten in der Stadt war der junge Fahrer mit stark überhöhter Geschwindigkeit (der Tacho war bei 130 km/h stehen geblieben) in einer Linkskurve geradeaus gefahren und – wie bei einer Sprungschanze – über eine Gartenmauer geflogen. Das Auto hatte sich mehrfach überschlagen, war durch eine Hecke gebrochen und gegen eine Hauswand geprallt. In dem Auto waren vier junge Leute zwischen 18 und 24 Jahren.

Mein Auftrag war, mit einigen Kameraden Decken als Sichtschutz hochzuhalten und zugleich Leute davon

---

1 VU = Verkehrsunfall, TH = Technische Hilfeleistung

abzuhalten, diese Decken wegzuziehen, um besser sehen zu können. Die Beschimpfungen und Beleidigungen der „Gaffer" waren dabei noch das Harmloseste. Mich wundert es heute oft noch, wie viele Menschen zu den unmöglichsten Zeiten und so zahlreich an Einsatzstellen auftauchen.

Die Bilder, die sich uns boten, waren entsetzlich! Was mir (bis heute) tief haften geblieben ist, war die versuchte Reanimation einer jungen Frau. Eigentlich konnte man es nur noch an der Kleidung erkennen, dass es eine weibliche Person war. Vom Gesicht war – außer einer blutigen Masse – nichts mehr zu sehen. Sie lag auf dem Rücken, eine Hand ausgestreckt. Eine junge Hand, eine sehr junge Hand. Die Reanimation schlug fehl, und es war schnell klar, dass es hier keine weiteren Bemühungen mehr geben würde. Die Einsatzkräfte mussten sich um die anderen verletzten Beteiligten kümmern. Die junge Frau wurde zugedeckt, aber die junge Hand schaute immer noch unter der Decke heraus. Das ist eines meiner tiefsten Bilder aus diesem Einsatz. Die junge Frau hatte an ihrem Todestag ihren 18. Geburtstag. Viereinhalb Stunden Volljährigkeit.

Vor der Feuerwehr hatte ich beim Kriseninterventionsdienst (KID) des Deutschen Roten Kreuzes hospitiert und wusste daher, wie wichtig eine frühzeitige Psychosoziale Unterstützung (PSU) ist. Auf dem Weg zurück zur Wache sprach ich das Thema an, stieß aber auf komplett ablehnende Kameraden. Ich bekam nur kurze Phrasen zu hören, und meine Belastung wurde nicht ernst genommen. So wandte ich mich direkt an den KID und fragte nach einer bestimmten Gesprächspartnerin, von der ich wusste, dass sie Mutter von erwachsenen Kindern ist.

Zu meinem Glück war diese Bekannte bereit, mit mir dieses Gespräch zu führen. Durch ihre fachkundige Gesprächsführung konnte sie mir so helfen, wie ich es zu diesem Zeitpunkt brauchte. Für mich alleine hätte ich dieses Erlebnis nie verarbeiten können. Ohne Psychosoziale Unterstützung würde ich heute höchstwahrscheinlich keine Einsätze mehr fahren können. Ohne dieses wertvolle Gespräch wäre ich heute keine aktive Einsatzkraft mehr.

Und Gott? Er hat diesen belastenden Einsatz nicht verhindert, aber mir geholfen, ihn zu bewältigen. Ich weiß, dass Gott im Einsatz und hinterher bei mir war, dass er immer bei mir ist. Mein Glaube hat die Nachsorge nicht überflüssig gemacht, aber ich bin überzeugt, dass Gott dafür gesorgt hat, dass ich genau die richtige Gesprächspartnerin bekam. Ihm vertraue ich, dass ich bei ihm weiterhin Hilfe, Trost, Kraft und Mut finde.

> **Gott hat diesen belastenden Einsatz nicht verhindert, aber mir geholfen, ihn zu bewältigen.**

Manchmal wirkt dieser Einsatz noch bei mir nach. Das Bild von der „jungen Hand" ist eingebrannt. Wir sind mittlerweile umgezogen in eine andere Gemeinde in einem anderen Kreis. Aber wenn ich heute in meiner „alten Heimat" unterwegs bin, fahre ich immer noch ungern an dieser Stelle vorbei. Heute noch erkennt man, wo der PKW durchgebrochen war und die Hecke nachgepflanzt wurde.

Heute gibt es auch bei den Freiwilligen Feuerwehren einen offeneren Umgang mit den Folgen belastender Einsätze. Schon in der Ausbildung wird darauf hingewiesen, dass es nicht nur die Verletzungen gibt, die man sieht. Die Verletzung der Seele bzw. Psyche kann langwieriger, schmerzhafter und belastender sein als ein körperlicher Schaden.

Der Eigenschutz ist wichtig, nicht nur während des Einsatzes, sondern auch davor und danach. Zum Eigenschutz gehört es auch, sich selbst nach einem Einsatz (ehrlich!) zu reflektieren. Gibt es etwas, das dich belastet, nicht schlafen lässt, dich aufregt usw.? Wenn das so ist, dann hole dir Hilfe! Es gibt Ansprechpartner dafür. Du brauchst es nicht alleine zu tragen.

Und ausdrücklich: Nein, es ist keine Schwäche und kein Versagen, wenn der Körper „spricht". Albträume, Aggressivität, Schlaflosigkeit, Vermeidungstaktiken u. v. m. können Signale sein, die eine Posttraumatische Belastungsstörung anzeigen. Sosehr man auch versucht, dagegen anzukämpfen, alles zu unterdrücken oder zu ignorieren, unterschwellig bleibt es doch vorhanden. Irgendwann kommt es wieder hoch – und manchmal kann es Menschen sogar in den Suizid treiben.

Nein, es ist keine Schwäche und kein Versagen, sich helfen zu lassen. Mir persönlich hilft auch mein Glaube an Gott und mein Vertrauen in ihn. Nein, Gott wird keine belastenden Einsätze verhindern. Gott ersetzt auch nicht die Nachsorge, wenn sie gebraucht wird. Er schickt mir die Menschen, die ich brauche, die für mein Anliegen genau die Richtigen sind. Er schenkt mir Trost, auch wenn ich vieles einfach nicht verstehen und nachvollziehen kann. Er gibt mir Kraft, Hilfe anzunehmen und den individuellen Gesundungsprozess zu überstehen. Er gibt mir den Mut, wieder in die Einsätze zu gehen und zu riskieren, dass ich wieder etwas mit nach Hause nehme. Ihm vertraue ich auch, wenn ich gescheitert bin. Ich kann ihn um Verzeihung bitten und es noch mal versuchen.

Ihr könnt aufhören,
der ist sowieso schon tot

Immer wieder kommt es bei den Töss-Schwellen in der Schweiz in den Wasserwalzen zu lebensgefährlichen oder sogar tödlichen Unfällen. Mindestens sechs Personen ertranken in den vergangenen 20 Jahren beim Versuch, ihre Hunde aus den Fluten zu retten. Die Gefahr, die in den Wasserwalzen lauert, wird meist unterschätzt. Das zirkulierende Wasser macht es schwierig, der

Rolf Bänziger,
Feldweibel mit besonderen
Aufgaben
Stadtpolizei Winterthur
CPV-Gruppe Winterthur CH

Walze zu entrinnen, und der hohe Sauerstoffgehalt im schäumenden Wasser vermindert den Auftrieb und macht so das Schwimmen fast unmöglich. In das Ausbildungsprogramm für Polizei-Aspiranten wurde deshalb eine Rettungsübung aus der Wasserwalze aufgenommen.

Am 12. Juli 1996 fahren wir Aspiranten mit unseren Instruktoren zu ebendieser Übung und sitzen mit gemischten Gefühlen und nervöser Erwartung im

Polizei-Mannschaftstransporter. Theoretisch ist uns die Wirkung einer Wasserwalze bekannt. Wir sind gut instruiert und ausgerüstet mit Helm und Rettungsseil, das an einem sogenannten Hosenträgergurt am Leib befestigt ist.

Erst begibt sich unser Instruktor von unten und dann von oben über die Schwelle in die Wasserwalze, um sich daraus retten zu lassen. Es klappt ohne Schwierigkeiten. Dann schwimmen nacheinander alle Aspiranten von unten in die Gefahrenzone der Walze, erfahren am eigenen Leib die Sogkraft des Wassers und lassen sich durch das Seil herausretten. Es funktioniert bei allen problemlos.

Am Schluss lasse ich mich von oben über die Schwelle in die Walze treiben. Das Wasser reißt mich mit, wirbelt mich hoch und runter. Wie erwartet, kann ich mich nicht selbst aus dem Sog befreien und gebe das Zeichen, um mich am Rettungsseil herausziehen zu lassen. Mit aller Kraft zieht der Co-Instruktor am Seil. Nichts geschieht. Das Seil hat sich – wie sich später herausstellte – um einen Stein gewickelt und festgeklemmt. Immer wieder werde ich unter Wasser gedrückt, bekomme Atemnot.

Auch meine Kameraden am Ufer bemerken, dass etwas nicht stimmt, und werfen mir einen Rettungswurfsack zu. Ich fasse ihn, kann aber auch daran nicht herausgezogen werden, da das Seil hinter mir immer noch festgeklemmt ist. Ich muss ihn wieder loslassen. Mein Co-Instruktor springt mit einem Tauchmesser ins Wasser, um das Rettungsseil durchzuschneiden. Eine sehr schwierige Aufgabe bei der Wasserströmung. Irgendwie gelingt es ihm, das Seil zu durchtrennen. Mit letzter Kraft versuche ich, den Verschluss der Tragegurte zu öffnen, um mich vom Rettungsseil zu lösen. Ich schaffe es nicht. Ich möchte nur noch atmen, mein Kopf schlägt gegen einen Felsblock. Ich spüre noch eine Griff um meinen Oberkörper. Dann verliere ich das Bewusstsein. Wie ich später erfahre, hat der Co-Instruktor mich ergriffen und die Tarierweste aufgeblasen, um mich und sich selbst an die Oberfläche zu holen und uns Luft zu geben. Darauf gerät er selbst in Bedrängnis und muss gerettet werden. Auch der Instruktor ist mir zu Hilfe geeilt, kriegt mich am Fußgelenk zu fassen und zieht mich wie ein Neugeborenes aus dem Wasser. Ich atme nicht mehr, und mein Gesicht ist dunkelblau. Mein Kollege R. beatmet mich. Ein Passant ruft ihm zu: „Ihr könnt aufhören, der ist sowieso schon tot!"

Doch langsam komme ich durch die Wiederbelebung zu Bewusstsein und meine, zu Hause im Bett zu liegen. Ich denke: „Lönd mi no ä chli schlafä …" („Lasst mich noch ein wenig schlafen …"), als mir nach und nach klar wird, wo ich bin und was geschehen ist. R. sagt erleichtert: „Rolf, hör uff mit rauchä, es isch streng gsi, dich zu beatmä" („Rolf, hör mit dem Rauchen auf, es war anstrengend, dich zu beatmen"). Ich bin meinen Kollegen dankbar, die sich selbst in Gefahr begeben haben, um mein Leben zu retten. Für mich sind sie meine Rettungsengel.

Immer wieder muss ich in den folgenden Monaten und Jahren daran denken, wie nah ich dem Tod war. Was wäre gewesen, wenn ich ertrunken wäre? Wäre alles aus und vorbei gewesen mit mir? Oder hat die Bibel vielleicht doch recht damit, dass wir hier auf Erden, also im irdischen Leben, die Eintrittskarte für den Himmel erwerben müssen? Dass niemand zum himmlischen Vater kommt ohne Jesus?

Gott hat noch einen Plan und Auftrag für mich in dieser Welt.

Vier Jahre später besuche ich einen Glaubensgrundkurs und wende mich verbindlich Gott zu. Heute begreife ich so langsam: Gott hat meine Lebensretter benutzt, um mich zu erhalten, weil ER noch einen Plan und Auftrag für mich in dieser Welt hat. Ich bin jeden Tag darauf gespannt, was ER heute für mich parat hat und wo ER mich gebrauchen will.

An diesem Tag war es keine Routine

Als Feuerwehrbeamter und Rettungsassistent hatte ich bereits viele Einsätze mit schwerverletzten Menschen erlebt. Meine Aufgabe war, ihnen fachlich qualifiziert zu helfen, und diese Aufgabe nahm ich professionell wahr. Ich konnte damit umgehen, dass für manche jede Hilfe zu spät kam und sie noch am Einsatzort oder später im Krankenhaus verstarben. Bei diesem Verkehrsunfall im April 1998 war es anders:

Roland Götz,
Brandamtsrat Brandschutzdienststelle Ennepe-Ruhr-Kreis
Ehrenamtlicher Brandoberinspektor, Freiwillige Feuerwehr Hattingen, Löschzug Mitte

Ich befinde mich mit meinem Motorrad auf dem Rückweg von einer kirchlichen Schulung, als sich der Verkehr vor mir aufstaut. Ich erkenne nur Polizei, aber keine Rettungsdienstfahrzeuge an der Unfallstelle und fahre mit meinem Motorrad vor. Den Kollegen der Polizei gebe ich mich als Berufsfeuerwehrmann und Rettungsassistent zu erkennen und erfahre, dass der Rettungsdienst noch unterwegs ist. Freiwillige Feuerwehr, mehrere Rettungswagen und ein Rettungshubschrauber seien angefordert.

Erste Sichtung: Verkehrsunfall zwischen VW Bulli und einem VW Golf. Der Bulli steht quer zur Fahrtrichtung, starke Beschädigungen an der Fahrerseite. Heckklappe, Schiebetür und Beifahrertür stehen offen. Überall liegen Gegenstände verstreut. Davor, im tiefen Graben, steht ein Golf mit starken Beschädigungen an der Front.

Auf den ersten Blick sind drei verletzte Personen zu erkennen, vermutlich Insassen des Bullis. Die Fahrerin des Golfs wird von der Polizei betreut.

Verletzter Nr. 1, ein Junge, auf dem Boden liegend in eine Wärmeschutzfolie eingepackt, wird von einem Passanten betreut (für mich keine sichtbaren Verletzungen).

Verletzte Nr. 2 sitzt vor dem Jungen, am ganzen Körper einschließlich Gesicht schmutzig, mit stark blutender Kopfplatzwunde, hält den rechten Arm in Schonhaltung, auch betreut durch einen Passanten.

Verletzte Nr. 3 im Bulli auf Fahrer- und Beifahrersitz liegend, eine ca. 45-jährige Frau mit starken Schmerzen im unteren Bauch (vermutlich innere Verletzungen), bis dahin ohne Abwehrspannung, Puls normal, stark extrahierendes Hämatom an der Schläfe, vermutlich durch Zusammenprall mit der Seitenscheibe. Keine weiteren sichtbaren oder ertastbaren Verletzungen. Sie war nach eigenen Angaben angeschnallt. Ich erkläre der Frau ihre Lage, dass ich bei ihrem jetzigen Zustand nichts verändern werde, und versichere ihr, dass der Rettungsdienst unterwegs ist. Sie klagt über starken Unterleibsschmerz, was mir große Sorgen macht.

Während ich die Frau untersuche, ruft mich die Verletzte Nr. 2 bei meinem Vornamen und gibt sich als Anna G. (Name geändert) zu erkennen. Ich fühle mich von diesem Moment an wie benommen. Anna hat auch an der Schulung für Kinder- und Jugendmitarbeiter teilgenommen, von der ich gerade komme. Bei Gruppenarbeiten und erlebnispädagogischen Angeboten habe ich sie sehr gut kennengelernt. Mit ihren 14 Jahren ist sie eine engagierte Christin.

Ich gehe zu Anna, die sichtlich dankbar ist, jemanden zu sehen, den sie kennt. Sie ist sehr gefasst und kann mir in Kürze einiges erklären. Sie hat eine Platzwunde am Kopf, klagt über starke Schulterschmerzen (Fraktur des Schlüsselbeins), Schmerzen im Beckenbereich (Prellung) und Schienbeinschmerzen (keine Fraktur).

Sie bittet mich, mich um ihren Bruder Markus zu kümmern, der hinter ihr liegt. Markus, Verletzter Nr. 1, hat ein wenig Nackenschmerzen (HWS-Trauma) und eine dicke Beule am Kopf. Der Passant kümmert sich rührend um ihn. Der Zustand der Mutter (Verletzte Nr. 3) ist unverändert.

Anna erzählt mir jetzt, dass ihr Vater „dahinten" liege, die Polizei habe ihn zugedeckt.

Puh, ich muss erst einmal durchatmen. Jetzt sehe ich den Vater, der weit von dem Fahrzeug entfernt auf der Straße liegt, gehe zu ihm und decke ihn auf. Ich erkenne klare, sichere Todeszeichen. Eine offene Schädelfraktur mit Gehirnaustritt. Er liegt bäuchlings, ähnlich einer stabilen Seitenlage, in seiner eigenen Blutlache. Er ist pulslos. Keine Möglichkeit der Reanimation.

Zurück bei Anna und Markus bemerke ich bei beiden zunehmende Schocksymptome.

Markus fragt nach seinem Vater; ich sage ihm, dass er sich um ihn jetzt keine Gedanken machen soll, um den würden sich andere kümmern.

Es fängt an zu regnen. Überall liegen Skiklamotten rum. Ich stolpere über einen Skischuh. Endlich trifft der erste RTW ein.

Ich kümmere mich weiter um die Mutter. Zuvor stabil, wird sie zunehmend schockig, klagt und stöhnt über Unterleibsschmerzen. Beim erneuten Abtasten erkenne ich ein beginnendes Akutes Abdomen, also innere Blutungen. Es wird Zeit, sie ins Krankenhaus zu bringen.

Weitere Fahrzeuge treffen ein; nach kurzer Übergabe übernimmt ein Notarzt die Versorgung der Mutter. Ich gehe wieder zu dem Jungen, der jetzt am ganzen Körper zittert. Anna bittet mich darum, dass sie beide in das gleiche Krankenhaus kommen. Ich kann die Rettungsdienstler davon überzeugen.

Zusammen mit den Kollegen der Feuerwehr lege ich Markus noch eine Stifneck-Halskrause an. Anna bekommt vom Notarzt einen Zugang gelegt.

Es sind jetzt mindestens fünf RTW an der Einsatzstelle, ein Einsatzleitwagen und mehrere Fahrzeuge der

Freiwilligen Feuerwehr. Der Rettungshubschrauber ist noch nicht eingetroffen. Auf dem Weg zu meinem Motorrad sehe ich eine große, schwarzhaarige Frau in einem Krankentransportwagen sitzen, die von Kollegen an einer Platzwunde am Knie behandelt wird. Sie ist vermutlich die Fahrerin des VW Golf und saß bis dahin im Streifenwagen der Polizei.

Ich mache mich, nachdem ich mich noch einmal bei den Passanten bedankt habe, auf den Weg zurück zum Schulungs- bzw. Freizeitheim, um dort eventuell noch ein bekanntes Gesicht zu sehen. Eine Beschäftigte des Hauses ist noch da, und ihr klage ich das Leid.

Am 5.4.1998 starb der Vater von Anna und Markus G., Ehemann von Christina G., an den Folgen des Verkehrsunfalles.

Er wurde beerdigt, während seine Ehefrau noch längerfristig beatmet nach schwerer OP im Krankenhaus lag.

Bei dir, Herr, weiß ich mich geborgen und bin sicher, dass alles, was passiert, uns zum Besten dient.

Bei der Beerdigung habe ich folgendes Gebet gesprochen: „Herr, vieles im Leben kann ich nicht verstehen, manches möchte ich vielleicht auch gar nicht verstehen. Bei dir weiß ich mich geborgen und bin sicher, dass alles, was passiert, uns zum Besten dient. Nur irgendwann, so wünsche ich es mir, möchte ich mit dir, Herr Jesus, oben auf einem Berg auf einer grünen Wiese sitzen, Strohhalm kauend, und du erklärst mir dann ganz viel. Darauf kann ich warten. Vom Glauben zum Schauen."

In meinem Beruf habe ich viele Menschen sterben gesehen. Wenn ich nicht mehr helfen kann, gehe ich damit routiniert und professionell um und akzeptiere es. Für einen Feuerwehrbeamten und Rettungsassistenten ist dies Teil des beruflichen Alltags. Es ist das Leid anderer, von dem ich mich nicht aus der Bahn werfen lassen darf. Diese Situation im April 1998 traf mich allerdings völlig unvorbereitet, und ich hatte „kein Werkzeug" dabei. Keine Alarmierung, keine Anfahrt mit Sondersignal, kein Equipment. Vielleicht hat sie mich deswegen so getroffen. Aber auch weil ich Anna gut kannte.

Im Verlauf vieler Jahre habe ich die Familie zum Todestag des Vaters auf ihren Wunsch hin besucht und mich mit ihnen gemeinsam an das Geschehene erinnert. Anna spricht noch heute davon, dass ich für sie ein Engel war. Zur richtigen Zeit an der richtigen Stelle. Sie dankt Gott, dass ich da war. Und ich auch.

Die Notrufnummer Gottes findet sich in einem Psalm:

„Wenn du keinen Ausweg mehr siehst, dann rufe mich zu Hilfe! Ich will dich retten, und du sollst mich preisen."
Psalm 50,15

Das tue ich von Herzen.

Dem Tod nahe

An einem Abend im September 2004 war ich als Diensthundeführer der Polizei Hamburg allein und in ziviler Kleidung eingesetzt. Ich war gerade im Dienstwagen auf den Straßen Hamburgs unterwegs, als ich über Funk ein Unterstützungsersuchen von zwei Zivilfahndern hörte, die einen als gestohlen gemeldeten Pkw mit drei Insassen observierten. Nach Kontaktaufnahme mit den Kollegen und Meldung an den Funksprecher fuhr ich zum Einsatzort. Ein weiteres Zivilfahnder-Team war ebenfalls auf dem

Dennis Heinsohn,
Polizeihauptmeister und
damals Polizeihundeführer,
Polizei Hamburg

Weg, um die Kollegen bei der Maßnahme zu unterstützen.

Plötzlich musste kurzfristig der Zugriff erfolgen. Als ich eintraf, stand ein Kollege auf der Fahrerseite des Zielfahrzeuges neben zwei auf dem Boden liegenden Personen, und ein weiterer Beamter war auf der Beifahrerseite in eine ernsthafte körperliche Auseinandersetzung mit dem dritten Tatverdächtigen verwickelt. Ich entschloss mich, diesen Kollegen so schnell wie möglich zu unterstützen, und ließ darum meinen Diensthund im Fahrzeug. Kurz bevor ich den Kollegen erreicht hatte, riss sich der Tatverdächtige los und flüchtete. Sofort nahm ich zu Fuß die Verfolgung auf.

Mir gelang es, den Flüchtigen auf einem Hinterhof eines Mehrfamilienhauses zu stellen. Ich wies mich als Polizeibeamter aus und forderte ihn auf, sich nicht zu bewegen. Stattdessen griff er mich unvermittelt an. Zur Verteidigung setzte ich das dienstliche Reizstoffsprühgerät ein, das aber keine sichtbare Wirkung zeigte. Nach einem heftigen Faustschlag gegen meinen Kopf fiel ich zu Boden und verlor kurz das Bewusstsein.

Als ich wieder zu mir kam, lag ich mit dem Rücken auf dem Boden. Der Täter saß auf meinem Brustkorb und schlug unablässig mit zwei Fäusten in mein Gesicht. Dabei schlug mein Hinterkopf immer wieder durch die Wucht der Schläge auf das Steinpflaster. Ich versuchte vergeblich, mich gegen die Schläge zu schützen und mich aus dieser furchtbaren Lage zu befreien.

Im Kampfgeschehen sah ich, wie der Strahl des Pfeffersprays versiegte. Ich hatte tatsächlich den gesamten Inhalt aufgebraucht und hielt jetzt das leere Gefäß in meiner rechten Hand, mit der ich auf den Täter einschlug. Es schien aber, als wenn meine Faustschläge gegen den Angreifer wirkungslos blieben und alle meine Befreiungsversuche aus der Fixierung am Boden nutzlos waren. „Hier komme ich nicht mehr raus!", dachte ich. In meinem Inneren stieg ein Gefühl der Ohnmacht und Hilflosigkeit auf. Schließlich verließ mich die Kraft, und ein inneres Gefühl der Taubheit stellte sich ein. Ich fühlte mich der Person völlig ausgeliefert und schrie um Hilfe.

Auf dem Rücken liegend, unter dem Körpergewicht der Person auf meinen Brustkorb nach Luft schnappend und den Faustschlägen ausgesetzt schaute ich in Richtung des Weges, den ich gekommen war. Es war niemand zu sehen. „Ich bin allein!", war ein weiterer Gedanke in meinem Kopf, der ein schreckliches Gefühl der Verlassenheit auslöste. Panik brach bei mir aus. Mit aller Kraft und heftiger als zuvor schrie ich mehrmals: „Hilfe! Hilfe!"

Ein Gedanke stach wie ein Stachel in meinen Kopf: „Die Person schlägt mich tot!" Todesangst breitete sich aus. Langsam verschwamm alles um mich.

Plötzlich kam einer der anderen Zivilfahnder angelaufen. Über mehrere Zäune kletternd kam er von einer anderen Seite zum Einsatzort als erwartet. Auch mit größtem Einsatz gelang es ihm zunächst nicht, die Person von mir abzubringen. Aber ich spürte Erleichterung, da ich nun nicht mehr völlig allein und hilflos war und die Schläge des Täters schwächer wurden.

Ein wenig später erschien ein weiterer Zivilfahnder, der ebenfalls versuchte, den immer noch auf mir sitzenden und auf mich einschlagenden Täter auf dem Boden zu überwältigten. Schließlich konnten wir den Mann zu

Boden bringen. Er leistete immer noch Widerstand gegen die Festnahme, indem er versuchte, die Arme vor unserem Zugriff unter dem Körper zu verbergen und aufzustehen. Ich schlug mit meiner restlichen Kraft auf den nun auf dem Bauch liegenden Mann ein. Ich schrie ihn, an am Boden liegen zu bleiben und die Arme freizugeben. Schließlich gab der Täter den Widerstand auf. Bis heute staune ich darüber, dass ich in dieser Situation noch handlungsfähig war und dem Täter Handfesseln anlegen konnte. Die Kollegen sicherten den am Boden liegenden Täter, und ich lief in Richtung Straße, um weitere Einsatzkräfte heranzuführen.

In der Zwischenzeit waren bereits mehrere Anwohner neugierig näher gekommen. Ich trat auf sie zu, aber aufgrund meines furchterregenden, blutverschmierten Anblickes flohen sie in den Hauseingang eines Mehrfamilienhauses und verschlossen die Hauseingangstür aus Glas hinter sich. Ich wies mich mit dem Dienstausweis als Polizeibeamter aus und bat die Leute darum, die Notrufzentrale über den Einsatzort zu informieren. Ein Anwohner teilte mir mit, dass er bereits aufgrund der Hilferufe die Polizei alarmiert habe.

Nachdem alle notwendigen polizeilichen Maßnahmen eingeleitet worden waren, fiel der Einsatzdruck von mir ab, und mir wurde übel und schwindelig. Ein gerade eingetroffener Schutzpolizist half mir beim Gehen und brachte mich zu dem vor der Hofeinfahrt abgestellten Funkstreifenwagen.

Ich setzte mich auf die Motorhaube eines Streifenwagens und versuchte, mich innerlich und äußerlich zu ordnen. Mein Körper und insbesondere mein Gesicht fingen an zu schmerzen, und ich betrachtete meine mit Blut, Schweiß und Pfefferspray beschmutzte Kleidung. Meine Augen brannten durch das eingesetzte Pfefferspray. Mich überkam ein Gefühl der Taubheit, und nur ganz allmählich konnte ich klare Gedanken fassen. Der Kollege sagte mir, dass der Rettungswagen unterwegs sei.

In diesem Zustand der inneren und äußeren Erschöpfung kam ein hilfsbereiter Anwohner in Begleitung eines Polizisten zu mir und reichte mir eine mit lauwarmem Wasser gefüllte Metallschüssel und weiße Papiertücher, damit ich mir die Wunden reinigen und die Verschmutzungen abwaschen konnte. Während ich mich wusch, kam plötzlich ein Gefühl der Liebe in mir auf und drang in mein Herz. Es fühlte sich an, als wenn die Liebe wie eine Flüssigkeit in mein Herz gegossen wurde. Ich spürte, wie gegenüber dem brutalen Täter Barmherzigkeit in mir aufkam und mich überwältigte. Mir war plötzlich Gottes Anwesenheit bewusst.

Ich spürte, wie gegenüber dem brutalen Täter Barmherzigkeit in mir aufkam und mich überwältigte.

In mir formte sich der Gedanke, dem festgenommenen Mann die mit Wasser gefüllte Metallschüssel und die weißen Tücher zu reichen, damit er sich ebenfalls waschen und seine Wunden versorgen konnte, bis die alarmierten Sanitäter eintrafen. Er stand mit gesenktem Haupt und mit Handschellen gefesselt zwischen zwei Polizeibeamten, die ihn festhielten. Ich ging zu ihm, stellte mich direkt vor ihn und schaute ihn von unten bis oben an. Auch er hatte ein verletztes und blutverschmiertes Gesicht. Der Täter hob den Blick und sah mich verwundert an.

Ich bot dem Täter durch Worte und Gesten die Schüssel und die Papiertücher an. Aber die dabeistehenden Kollegen hielten es für sicherer, ihm in diesem Moment nicht zu helfen und schon gar nicht die Handschellen zu lösen. Sie befürchteten, dass der Täter den Moment ausnutzen und erneut angreifen oder fliehen könnte. Ich verstand ihre Reaktion und ging mit der Schale und den Tüchern wieder zurück zum Streifenwagen, setzte mich erneut auf die Motorhaube und wartete auf den Rettungswagen.

Erst Monate später wurde mir bewusst, dass Gott mir die Gnade geschenkt hatte, dem Täter schon direkt nach der brutalen Gewalttat zu vergeben. Gottes Liebe hatte mir sein Erbarmen für den Täter gezeigt, sodass das Unmögliche möglich wurde.

Im gesamten sich nach der Tat anschließenden Prozess der Regeneration und Rehabilitation habe ich niemals Bitterkeit, Hass- oder Rachegefühle gegen den Täter gespürt. Durch meine innere Vergebung lösten sich auch der Schmerz, die Trauer und die Wut. Sie schenkte mir eine innere Gelassenheit gegenüber diesem Menschen und seiner Tat. Durch diese geschenkte innerliche Freiheit war ich später auch in der Lage, im notwendigen Aufarbeitungsprozess innere Heilung zu empfangen. Dieser Mensch hatte sich an mir schuldig gemacht. Ich habe ihm durch Wort und Tat seine Schuld an mir vergeben. Es spielte dabei für mich keine Rolle, ob der Täter die Vergebung angenommen hat und die Tat bereute. Ich war frei und konnte von Gott Heilung meiner inneren Verletzungen empfangen.

In dieser massiven körperlichen Auseinandersetzung war mein Körper auf wundersame Weise beschützt worden. Nach meiner Erinnerung hatte der Täter, von oben auf meinem Brustkorb sitzend, mindestens 18 gezielte Faustschläge auf mein Gesicht ausgeführt. Ich erinnerte mich an die ungefähre Anzahl der Aufschläge meines Hinterkopfes auf den Steinboden als Folge der Schläge. Nach dem Angriff schmerzte mein gesamter Körper – besonders Kopf und Nacken – mehrere Tage lang, aber nach ca. zwei Wochen war ich zusammen mit meinem Hund wieder auf Streife.

Dass die traumatisierenden Wirkungen dieser unmittelbaren Todesgefahr sich erst später massiv zeigen sollten, ahnte ich zu diesem Zeitpunkt nicht.

Im unmittelbaren Vorfeld dieses Ereignisses hatte übrigens ein Freund intensiv für mich gebetet und mir anschließend eine besondere Ermutigung zugesprochen. Dieser Zuspruch war für mich sehr eindrücklich, aber erst im Nachhinein wurde mir der Zusammenhang zu der lebensbedrohlichen Situation klar. Die mit dieser

Ermutigung verbundene Bestätigung, dass es Gott war, der mein physisches Leben geschützt und bewahrt hat, wurde mir im späteren Aufarbeitungsprozess zu einer großen Stärkung.

Der Gott der Bibel hat sich uns Menschen durch seinen Sohn Jesus Christus vorgestellt.

Die Schriften der Bibel bezeugen, dass Jesus gekommen ist, um zu suchen und zu retten, was verloren ist. Er ist derselbe gestern und heute und in Ewigkeit. Nachdem er mich in meiner Verlorenheit auf den Straßen Hamburgs gefunden und mein physisches Leben gerettet hatte, war es auch seine Retter-Liebe, die mich später aus der finsteren Grube der depressiven Episode einer Posttraumatischen Belastungsstörung zog und Heilung schenkte, sodass ich heute wieder meinen Dienst bei der Hamburger Polizei versehen kann. Ich bete und hoffe, dass auch der Täter die Liebe Gottes in seinem Sohn Jesus Christus erfahren darf.

„Vergeltet niemals Unrecht mit neuem Unrecht. Verhaltet euch gegenüber allen Menschen vorbildlich."
Paulus im Brief an die Gemeinde in Rom, Römer 12,17

Plötzlich stürzt der Hubschrauber kopfüber ab

In meiner polizeilichen Laufbahn war ich in verschiedenen Sonderverwendungen tätig, unter anderem als Drogen- bzw. Suchtgiftfahnder, als Mitglied der Anti-Terror-Einheit „Cobra" und schließlich als Hubschrauberpilot im Exekutiv- und Rettungseinsatz. Alles in allem eine Karriere, um die ich von vielen beneidet wurde.

Als Hubschrauberpilot bekam ich Kontakte mit der höchsten Führungsebene und erlebte bei den Alpineinsätzen Stoff genug

Ewald Dorner,
Polizeiinspektionskommandant
Landespolizeidirektion Kärnten

für eine eigene TV-Serie. Genau genommen war ich der Star meiner Serie. Und als junger Mensch begann mir meine gespielte Rolle zu gefallen – es folgten fliegerische Belobigungen, u. a. die Goldene Medaille am roten Bande, die höchste in Österreich zu vergebene Auszeichnung für eine Lebensrettung. Ich gefiel mir als Lebensretter und Polizist, der immer wieder die Grenzen des Machbaren auslotete. Trotzdem war da irgendwie eine innere Leere.

Wenn man im Gelände wiederholt nur noch Tote bergen konnte, die Verzweiflung junger Mütter beim Erkennen des Unfassbaren sah, Familienväter nach einem Verkehrsunfall plötzlich ohne Frau mit ihren Kindern alleine dastanden, dann kam unausweichlich die Frage nach dem Sinn des Lebens: Ist das wirklich alles? Du fliegst, riskierst alles, setzt dein Leben aufs Spiel, aber was ist, wenn das einmal schiefgeht und du nicht mehr auf der Seite der Retter stehst, sondern selbst betroffen bist? Solche Fragen ließen sich nach über tausend Einsätzen mit vielen Gefahren und zahlreichen Toten nicht mehr verdrängen.

Warum sollte ich, der „große Retter", selbst gerettet werden müssen?

GOTT? Ja, keine Frage, dass es ihn gibt. Aber greifbar war er nicht. Und selbst wenn, ist das denn gerecht, was da abläuft? Viele Diskussionen mit einem gläubigen Notarzt, der einmal die Woche bei mir im Hubschrauber saß, aber keine Konsequenzen für mein Leben. Was hatte das denn mit mir zu tun? Warum sollte ich, der „große Retter", selbst gerettet werden müssen?

Dann kommt dieser wunderschöne, tiefblaue Tag im Herbst 1989. Ein Erhebungsflug im Bereich des Felbertauern Kammes wegen schwerwiegenden Eingriffs in fremdes Jagdrecht, im Volksmund als Wilderei bezeichnet.

Ausgezeichnetes Wetter, genügend Leistungsreserve in dieser Höhe – alles in allem ein Routineflug –, und um 10:25 Uhr des 20. Oktober holt mich der Herr vom Himmel. Ohne Vorwarnung, abrupt und mit einer zielstrebigen Bestimmtheit.

Bei einem Schwebemanöver auf ca. 2650 Metern Seehöhe, mit einer Kufe abgestützt auf einem Felsvorsprung, trifft ein Steinschlag die Rotorblätter. In der Folge fällt die Hydraulik aus, die Maschine kippt bergwärts, und es folgt eine massive Rotorblattberührung mit ansteigendem Felsgestein. Ich kann den Hubschrauber von den beiden Kollegen, welche bereits ausgestiegen waren, wegreißen und stürze kopfüber eine senkrechte Eisflanke hinab. Danach gelingt es mir mit großer Anstrengung, die Fluglagen jeweils bis zu 90 Grad in allen Ebenen variierend, noch ca. 600 Meter zurückzulegen. Dadurch baue ich etwa 200 Höhenmeter ab, bevor ich die angeschlagene Maschine auf einem tennisplatzgroßen, nahezu ebenen Fleck in diesem ansonsten ca. 45 Grad steilen Gelände mit einem Totalschaden zu Boden bringe.

Endlage seitlich rechts, ich hänge kopfüber in den Gurten, ein leises Knistern, und ich realisiere, dass ich noch lebe. Der erste Gedanke, beamtengemäß: „Mist, ich habe einen Hubschrauber zerstört", danach ungläubiges Erkennen: Ich bin bis auf ein paar kleine Schrammen unversehrt. Nach einer weiteren Atempause erkenne ich panikartig: Die Maschine hat sich in den Schnee und die Erde gebohrt, ich komme nicht heraus, und es besteht die

Gefahr, dass sie gleich zu brennen beginnt (Turbinentemperatur an die 900 Grad, Maschine liegt seitlich kopfüber, Öl rinnt in den heißen Turbinenbereich). Schnell löse ich den Zentralverschluss des Hosenträgergurtes und falle kopfüber auf den Boden der Maschine. Nichts wie hoch und über die weit offene Copilotentür ins Freie.

Da stehe ich nun in einem Schneefeld auf 2400 Metern Seehöhe, der Himmel strahlt, und hinter mir liegt ein Hubschrauberwrack. Und ganz leise, jetzt schon, in mir das Wissen, dass ich nach allen Regeln der Vernunft nicht mehr leben dürfte. Helikopterabsturz im hochalpinen Gelände bedeutet mit an Sicherheit grenzender Wahrscheinlichkeit den Tod des Piloten. Unglauben, doch nicht schwerer verletzt zu sein. Zugleich Hadern mit Gott – warum musste das passieren? Dann ein Gebet, völlig unbeholfen, ein „Vaterunser" – das hat man ja für den Notfall gelernt.

Nach und nach, Tage, Wochen später, wird mir bewusst, dass ich alleine durch SEINE unaussprechliche Gnade diesen Vorfall überlebt habe. Technische Expertisen, wonach ein Hubschrauber mit diesen Rotorblattbeschädigungen nicht mehr flugfähig ist, bestärken meine eigene Erkenntnis. Außerdem wird mir mit Schrecken klar, dass während des gesamten Absturzgeschehens kein Film des Lebens abgelaufen ist, dass ich nicht eine Sekunde an meinen Schöpfer gedacht habe. Kein „Herr, steh mir bei, Herr, schenk mir Gnade, Herr, bewahre mich", sondern einzig und alleine verzweifelter Kampf mit kaputter Technik und dem Gedanken „Mit mir nicht". Die ganze Zeit rein technisches Denken. Der letzte konkrete Gedanke, bevor der Horizont kippte, war nicht: „Herr, nimm mich gnädig an." Vielmehr dachte ich: „Hoffentlich schlägt kein Rotorblatt in die Kabine."

Eine Aussage des US-Schauspielers Kirk Douglas kommt mir in den Sinn, nachdem dieser 1991 einen Hubschrauberabsturz überlebt hat: „Wenn man dem Tod von der Schaufel springt und man ändert sein Leben nicht, ist man ein Dummkopf." Mir ist heute eines klarer denn je: Ich bin nicht gesprungen, ich wurde gehalten! Gehalten von der Liebe Gottes wurde ich übrigens auch in einem mehrjährigen Verfahren, bei dem die Frage von Fahrlässigkeit und Schadenersatz im Raum stand. Der Herr hat mir geholfen und zur Seite gestanden, sodass ich in jeder Hinsicht entlastet werden konnte. Mithilfe des eingangs zitierten gläubigen Notarztes bin ich in dieser Zeit dem Herrn Stück um Stück nähergekommen, konnte meine letzten Zweifel an seiner Realität überwinden und habe mein Leben Jesus Christus als meinem Erlöser und Retter übergeben.

Heute weiß ich, dass ich nur aus seiner unendlichen Gnade lebe. So darf ich meinen Bericht nun mit dem Fazit beenden, dass ein Ereignis, welches im ersten Augenblick für mich als das negativste überhaupt zu sehen war, nachträglich der größte Segen in meinem Leben geworden ist. Obwohl ich das eigene Leben zigmal dafür riskiert habe, anderen zu helfen, ist mir eines klar geworden: Kein noch so großer Retter wird ohne ein klares, unmissverständliches Ja zu Jesus Christus jemals selbst gerettet werden.

> „Jetzt lebe nicht mehr ich,
> sondern Christus lebt in mir.
> Und das Leben, das ich jetzt noch
> in meinem sterblichen Körper führe,
> das lebe ich im Glauben an den
> Sohn Gottes, der mich geliebt und
> sich selbst für mich geopfert hat."
> *Galater 2,20*

Wenn die Seele schmerzt

Wir Feuerwehrleute und Polizisten sind harte Kerle. Nichts kann uns etwas anhaben. Wir laufen hin, wo andere weglaufen. Und wenn nichts mehr geht, dann retten wir die Welt.

Ja, wenn das mal so einfach wäre … Wir haben vielleicht eine harte Schale, aber mit dem Kern, da verhält es sich anders. Was im Herzen, in der Seele eines Menschen vorgeht, lässt sich nicht vom Äußeren ableiten.

Glücklicherweise haben sich die Zeiten inzwischen etwas geän-

Dipl.-Ing. Sebastian L. Vries, Branddirektor Feuerwehr Hamburg

dert. Mehr und mehr wird akzeptiert, dass auch erfahrene Einsatzkräfte nach schlimmen Ereignissen einmal betrübt und traurig sein können, und wir haben organisatorische Wege gefunden, in solchen Fällen schnell und zielgerichtet Hilfe zu leisten. Da gibt es Kriseninterventionsteams, die

Notfallseelsorge, und die Feuerwehr Hamburg betreibt eine Spezialeinsatzgruppe Gesprächsnachsorge (SEG-G), in der speziell geschulte Mitarbeiter der Feuerwehr in Gesprächen betroffenen Einsatzkräften Hilfestellung geben, und auch die Polizei Hamburg hat ein Konzept zur Versorgung der Polizeibeamten. Dieses System mit seinen einzelnen Bausteinen hat sich inzwischen in vielen Situationen bewährt.

Ein Einsatz der besonderen Art ist mir sehr deutlich in Erinnerung geblieben. Im Herbst des Jahres 2016 stieg im Hamburger Ortsteil Ochsenwerder[2] ein elfjähriger Schüler aus dem Bus und geriet beim Betreten der Straße unter einen schweren Lkw mit Anhänger. Alle Hilfe kam für ihn zu spät. Er war sofort tot. Die noch im Bus befindlichen Schulkameraden hatten das schreckliche Ereignis mitansehen müssen. Eine junge Schülerin, die beherzt und heldenhaft zum unmittelbaren Unfallort eilte, um zu helfen, bekam das zu sehen, was die Feuerwehrkräfte später mit Planen verhüllten, um alle anderen vor den verstörenden Bildern zu bewahren.

Die Einsatzkräfte wurden mit dem Stichwort „MANV" alarmiert, also zu einem sogenannten Massenanfall von Verletzten. Die Entscheidung des Leitstellendisponenten, dies zu tun, war durchaus berechtigt, denn die psychischen bzw. seelischen Verletzungen der vielen Schüler im Bus und auch des Bus- und Lkw-Fahrers waren so groß, dass man nicht zur Tagesordnung übergehen konnte, auch wenn unter den Betroffenen keine klassisch körperlich Verletzten waren.

---

2 Ochsenwerder gehört zu den dünn besiedelten Marschlanden. Aufgrund der langen Anfahrtswege der Berufsfeuerwehr ist hier die Freiwillige Feuerwehr besonders gefordert.

Insgesamt waren neben der Polizei bis zu 70 Einsatzkräfte der Feuerwehr und des Deutschen Roten Kreuzes vor Ort, um „die psychische Belastung der Kinder, die das Ganze miterlebt haben, möglichst im Rahmen zu halten und dafür zu sorgen, dass die Kinder das langfristig stabil verarbeiten", wie es der im Einsatz befindliche Leitende Notarzt in einem Interview gegenüber der Bild-Zeitung ausdrückte.

Ich hatte am betreffenden Tag Einsatzführungsdienst als A-Dienst[3] und wurde als Einsatzleiter alarmiert. Als ich am Einsatzort eintraf, konzentrierte sich das Geschehen noch auf die rettungsdienstliche Komponente. Mehrere Rettungswagen waren vor Ort, deren Besatzungen sich um die Menschen kümmerten. Der vor Ort befindliche B-Dienst wies mich in die Lage ein. Um ein Gefühl für die Situation zu bekommen, hielt ich es für zwingend notwendig, mir selbst anzuschauen, was die Kinder und die ersteintreffenden Kräfte gesehen hatten. So ging ich zielgerichtet zu dem Lkw und deckte vorsichtig die Planen und Rettungsdecken zur Seite. Den Anblick möchte ich hier nicht näher schildern. Behutsam legte ich meine Hand auf den geschundenen, noch warmen Körper des kleinen Jungen. Ich musste dies tun. Ich konnte ihn in diesem Augenblick nicht alleine lassen. Nach einem Stoßgebet für die Familie des Jungen hatte ich die Kraft, ihn wieder

---

3 In der Feuerwehr Hamburg ist ein mehrstufiges Einsatzführungssystem etabliert. An der Spitze steht der A-Dienst, der die Gesamtverantwortung für das gesamte Stadtgebiet hat. Ihm nachgeordnet sind drei B-Dienste, die nominell für jeweils ein Drittel der Stadt zuständig sind.

zuzudecken, und begab mich zurück zu den anderen Einsatzkräften, um nach dieser Erkundung meinen Aufgaben als Einsatzleiter gerecht zu werden.

Was galt es an dieser Einsatzstelle zu beachten? Das eigentliche Unfallopfer war tot. Es war also keine klassische Rettungsdienstlage mehr. Und so verlagerte sich der Einsatzschwerpunkt folgerichtig Zug um Zug in Richtung Psychosozialer Notfallversorgung. Die hier relevanten Komponenten waren die Versorgung der betroffenen Kinder im Bus und der betroffenen Einsatzkräfte, die in der Erstphase des Einsatzes direkt am Patienten tätig geworden waren oder die am Ende des Einsatzes den Leichnam bergen und die Straße reinigen mussten. Wichtig war auch die Trennung beider Gruppen in der Versorgung, weil beide unterschiedliche Bedürfnisse hatten und weil sich diese Menschen nur würden öffnen können, wenn sie unter ihresgleichen waren.

Als Einsatzleiter hatte ich in diesem Einsatz eine eher ruhige Aufgabe. Die wesentlichen technischen Abläufe wurden souverän vom B-Dienst gesteuert. Der hatte auch schon sehr frühzeitig dafür gesorgt, dass die Freiwillige Feuerwehr des Ortsteils nur im Umfeld und nicht direkt am Unfallfahrzeug eingesetzt worden war, weil die Wahrscheinlichkeit zu groß war, dass dort jemand den Jungen persönlich kannte. Ich konnte mich also primär auf die Versorgung der am stärksten betroffenen Personengruppe konzentrieren: die Familie des toten Jungen. Ich forderte gezielt unsere Feuerwehrpastorin an, die die Notfallseelsorge federführend aufgebaut hatte und die ich persönlich kenne. Mit ihrer gläubigen und auch fachlich hochkompetenten Art erreicht sie die Menschen auf besondere Weise. Nach ihrem Eintreffen an der Einsatzstelle versuchte ich, in ihrer Nähe bleibend, sie möglichst schnell zu Mutter und Schwester des toten Jungen zu dirigieren, musste aber Geduld haben, bis sie den Einsatzabschnitt Psychosoziale Notfallversorgung (PSNV) insgesamt organisiert hatte. Nur so war sichergestellt, dass meine Intention, die beiden oben bezeichneten Gruppen getrennt zu versorgen, auch umgesetzt werden konnte, ohne dass es im Laufe des Einsatzes zu Missverständnissen zwischen den eingesetzten Hilfskräften kommen würde. Da sie formal in der Gesamtverantwortung für die PSNV war, musste die Familie einen Augenblick warten.

Als sie schließlich verfügbar war, begaben wir uns gemeinsam zu dem Rettungswagen, in dem die Mutter und die Schwester des Jungen warteten. Ich war bei diesem Gespräch eine Weile anwesend. Die Not war unbeschreiblich. Unsere Feuerwehrpastorin war einfach nur da und stellte behutsam, aber sehr gezielt Fragen, die Struktur in die Gedanken brachten. Auf diese Weise wurde bekannt, dass der Vater des Jungen im Südwesten der Stadt arbeitete und noch nichts wusste. Das war dann wieder mein Stichwort. Mit den Worten „Ich bringe den Vater her" verließ ich den Rettungswagen in dem guten Gefühl, dass die Familie in den besten Händen war. Ich konnte mit dem vor Ort befindlichen Polizeiführer organisieren, dass die Polizei den Vater von der Arbeitsstelle abholte und zu seiner Familie fuhr. Nach dem Erhalt der Todesnachricht wollte ich ihn nicht selbst am Steuer eines Fahrzeugs wissen.

Die Lösung für die getrennte Versorgung von Schülern und Einsatzkräften wurde mir schließlich, wenn ich mich richtig erinnere, ungefragt von einem Angehörigen der Freiwilligen Feuerwehr präsentiert. Wie schön, von kompetenten und selbstständig handelnden Kollegen und Kameraden umgeben zu sein. Man hatte zwei Feuerwehrgerätehäuser für den Empfang der beiden Gruppen vorbereitet, wo sie wie geplant getrennt voneinander versorgt werden konnten. Um die Schüler kümmerte sich das Kriseninterventionsteam des Deutschen Roten Kreuzes, um die Einsatzkräfte unsere Spezialeinsatzgruppe Gesprächsnachsorge. Beide Häuser fuhr ich kurze Zeit später an, zog mich aber insbesondere bei den eigenen Kräften schnell wieder zurück, um nicht das Gefühl der „Dienstaufsicht" zu vermitteln, was sich höchst störend auf die Gespräche hätte auswirken können. Dem tapferen jungen Mädchen, das gleich nach dem Unfall hatte helfen wollen, konnte ich noch ein paar Worte der Anerkennung mit auf den Weg geben. Ich hoffe, dass sie mit den Bildern, mit denen sie vor Ort konfrontiert worden war, umzugehen gelernt hat.

Die Gesprächsangebote wurden von den meisten Einsatzkräften gerne angenommen. Die Chance, mit dem Gesehenen besser umgehen zu können, steigt durch diese unmittelbar nach dem Geschehen organisierten Gesprächszirkel. Man lernt, dass man mit seinen Gefühlen nicht allein ist, und bekommt ein Bewusstsein dafür, dass diese Gefühle richtig und normal sind. Das ist wichtig. Denn Feuerwehrleute, die zu keiner Gefühlsregung mehr fähig sind, kann ich an einer kritischen Einsatzstelle nicht einsetzen. Nur wer sich seine eigenen Gefühle bewahrt und sie zulässt, ist im entscheidenden Moment fähig, Mitgefühl zu zeigen und damit Opfern von Unfällen oder traumatischen Ereignissen zu helfen. Da ist das liebevolle Halten einer Hand oft genauso wichtig wie der Druckverband.

Als ich nach dem Besuch der beiden Feuerwehrgerätehäuser zum Einsatzende wieder an der Einsatzstelle war, war aus psychosozialer Sicht noch ein letzter Gedanke wichtig: Wer birgt den Leichnam? Ich brauchte dazu nicht einzugreifen. Die Frage kam aus den Reihen der Kollegen selbst: „Wer hat Kinder in diesem Alter?" Es fanden sich schnell zwei Freiwillige, bei denen, weil entweder noch kein Kind da war oder die Kinder schon erwachsen waren, kein Kopfkino in Bezug auf das eigene Kind zu befürchten war. Ich selbst begleitete die Leichenbergung, weil ich in diesem Moment bei meinen Leuten sein wollte. Es wäre mir schäbig vorgekommen, mich dabei „vornehm" im Hintergrund zu halten.

Jahre später habe ich mit unserer Feuerwehrpastorin noch einmal über diesen Einsatz gesprochen. Dabei ist mir erst bewusst geworden, wie sehr er mich berührt hatte. So habe am Ende auch ich selbst noch meine Psychosoziale Notfallversorgung erhalten. Das Gespräch hat mir gutgetan, und ich durfte spüren, was ich schon wusste: PSNV ist wichtig. Sie hilft und sorgt dafür, dass auch wir Einsatzkräfte gesund und einsatzfähig bleiben.

Menschen retten, das können wir

Roland Götz,
Brandamtsrat
Brandschutzdienststelle
Ennepe-Ruhr-Kreis,
Ehrenamtlicher Brandoberinspektor, Freiwillige Feuerwehr
Hattingen, Löschzug Mitte

Häufig werde ich gefragt, ob ich in meinem Berufsleben schon einmal ein Großfeuer oder etwas anderes Schlimmes erlebt hätte. Das sind oft Fragen von Menschen, die eigentlich nur ein wenig Smalltalk wollen. Was soll ich dazu sagen? Eine Antwort wäre: „Haben Sie schon mal einen Maurer gesehen und gefragt, ob er eine Mauer mit Steinen errichtet hat?"

Wann ist Feuer schlimm? Ist es schlimmer, wenn ein Haus abbrennt oder ein Mensch stirbt? Menschen versterben unwiederbringlich, dafür gibt es keine Versicherung. Menschenleben sind unbezahlbar! So verheerend ein Schadenfeuer sein kann, so zerstörerisch Stürme wüten oder Katastrophen uns heimsuchen, unser Leben gibt es nur einmal, und es liegt in Gottes Händen.

Bei den Kollegen gibt es immer den Spruch: „Wenn es schlimm wird, machen wir ein Pflaster drauf!" Die Feuerwehr ist Problemlöser. Wir sehen die Lösung und belasten uns selten mit dem dahinterstehenden Schicksal. Aber wenn wir trotz unserer guten Ausbildung, unseres Sachverstands und des hervorragenden Equipments keine Lösung herbeiführen konnten? Wie bei dem elfjährigen Mädchen, das vom Pkw erfasst circa 30 m weit geschleudert wurde und trotz unserer intensiven Bemühungen verstarb. Oder bei der jungen Frau, die bei dem Wohnungsbrand durch Rauchgase tödlich vergiftet wurde. Oder bei den vielen, vielen Reanimationsversuchen, wo Menschen gerade noch gelebt haben, aber dann plötzlich tot sind. Was ist schlimm?

Wir retten Menschenleben. Erste und wichtigste Aufgabe einer Feuerwehr-Einsatzkraft ist die Menschenrettung. In der Führungslehre lernen wir, dass bei der Rettung in der Reihenfolge Menschen – Tiere – Sachwerte – Umwelt priorisiert wird. So gehen wir vor und handeln.

Wenn Menschen ungewollt sterben, ist das schlimm. Mehr als in anderen Berufen werden der Feuerwehrmann und die Feuerwehrfrau wie der Polizist mit dem Tod konfrontiert. Ich habe viele Bilder in meinem Kopf, Bilder von Menschen, die noch nicht sterben wollten, noch lange nicht. Junge Erwachsene, einer mit seiner Diplomurkunde in der Hand nach langem Studium. In der Universität an einem Bauchaortenaneurysma verstorben – unausweichlich. Dann Jugendliche, die einfach nur ein bisschen Quatsch machen wollten, Motorradfahrer, Fahrradfahrer, Bauarbeiter, Kinder, Säuglinge. Für mich persönlich war es immer schlimm, wenn kein Pflaster mehr half.

Wer bei der Feuerwehr arbeitet, muss sich ein Umfeld schaffen, bei dem er sich mit dem Unausweichlichen beschäftigt und arrangiert. Er kann dieses Thema nicht ausblenden. Ich persönlich weiß als Christ, dass wir hier keine bleibende Stadt haben, sondern die zukünftige suchen. So steht es in der Bibel im Neuen Testament, Hebräer 13,14.

Und das sehe ich als großen Vorteil eines jeden Christen an, gerade bei Feuerwehr oder Polizei: die Gewissheit, dass man in Gottes Händen geborgen ist, egal, was passiert, und die Zuversicht, dass nach dem Tod die Ewigkeit beginnt. Mit diesem Hintergrund kann ich mich über die Mehrzahl der Einsätze freuen, wo wir helfen können. Da sind es auch wieder viele Bilder, die mir in den Kopf kommen. Schöne Dinge, wo wir mit unserer Hilfeleistung Menschen aus ihrer schlimmen Situation retten konnten. Denn Menschen retten, das können wir! Das ist unsere Berufung. Und da, wo wir nicht mehr helfen konnten, wissen wir die Menschen in Gottes Händen.

> **Da, wo wir nicht mehr helfen konnten, wissen wir die Menschen in Gottes Händen.**

Auf meinen Schulterstücken ist das Kreuz

Als mich vor über 20 Jahren mein damaliger Dekan gefragt hat, ob ich mir neben meinem Dienst in der Ortsgemeinde die Übernahme einer zusätzlichen Aufgabe als nebenamtlicher Polizeiseelsorger für unsere Region vorstellen könnte, war ich zunächst sehr unsicher. Schließlich habe ich mich aber darauf eingelassen und zunächst darum gebeten, einige Tages- und Nachtschichten mit Dienst tun zu dürfen. So habe ich einen kleinen Eindruck von dem Alltag der mir nun zugeordneten Menschen gewinnen dürfen.

Christoph Nordmeyer,
Polizeipfarrer
Polizei- und Notfallseelsorge, Schmalkalden

Selbstverständlich gab es auch bei den Polizisten viele Fragen zu meiner Aufgabe. Wir befanden uns schließlich auf dem Gebiet der neuen Bundesländer, und so wurde

gleich gewitzelt, dass nun auf die „Rotlichtbestrahlung"
durch den Politoffizier das „Schwarzlichttheater" des Pfar-
rers folgen würde. Immerhin sind die meisten Thüringer
Polizisten nicht kirchlich gebunden. Aber viele Kollegen
haben es in den vergangenen Jahren zu schätzen gelernt,
dass da einer ist, der ein offenes Ohr, aber einen verschlos-
senen Mund hat. Der Pfarrer, dem man sich anvertrauen
kann, und es gibt darüber keine Aktennotiz oder andere
dienstliche Konsequenzen. Da geht es um persönliche
Anliegen. Beziehungen, die unter den dienstlichen Ver-
pflichtungen zu zerbrechen drohen. Aber natürlich auch
um eigene Grenzüberschreitungen wie Ehebruch oder das
Thema Alkohol. Manchmal arrangiert auch ein besorgter
Dienstgruppenleiter so ein Treffen. Oft genug werde ich
aber zwischen Tür und Angel auf einen Kaffee in ein Büro
gebeten, und dann bin ich für die Kollegen ganz Ohr. Es
gibt dann auch Momente, wo ich am Ende eines solchen
Treffens den Polizisten frage, ob es für ihn in Ordnung ist,
wenn ich die geäußerten Dinge in einem Gebet vor Gott
bringe. In all den Jahren hat noch nie ein Polizist diesen
Vorschlag abgelehnt, während ich solche Ablehnung bei
Besuchen am Krankenbett von Gemeindegliedern durchaus schon erleben musste.

   In intensiver Erinnerung sind mir auch die Anlässe
geblieben, wo ich gebeten wurde, für verstorbene Kollegen die Trauerfeier zu halten bzw. nach einem tragi-
schen Unfall mit einem verstorbenen Kradfahrer[4] in der

---

4 = Kraftradfahrer

Dienststelle für die Kollegen eine würdige Gedenkfeier zu gestalten.

Seit Beginn meines Dienstes ist mir die persönliche Erkennbarkeit sehr wichtig. Beim Dienst in der Polizei trage ich selbst auch immer Uniform (auch wenn ich es mit der Kriminalpolizei zu tun habe). An meinem Pfarrerhemd bzw. der Polizeiuniform mit dem Kreuz auf den Schulterstücken bin ich eindeutig zuzuordnen. Natürlich kann ich mich auch mit meinem Dienstausweis vorschriftsmäßig ausweisen, aber gerade, wenn ich bei größeren Lagen wie bei einer Demonstration die Einsatzkräfte unterstütze, ist diese schnelle Erkennbarkeit sehr wichtig.

Was gehört denn dann genau zu meinem Dienst? Oft bin ich bei der Morgenlage auf einer der Dienststellen in meinem Bereich. Daran schließen sich dann meist persönliche Gespräche an, bei denen mitunter lange Verdrängtes an die Oberfläche kommt. Immer wieder macht es mich traurig mitzubekommen, über welch lange Zeiträume Polizeibedienstete belastende Erinnerungen mit sich herumtragen, ohne jemanden gefunden zu haben, dem sie von ihrer Not erzählen konnten oder mochten. So wie der Kollege, der nach einem sehr dramatischen Schusswaffengebrauch jahrelang alles tat, um den Kontakt mit der Waffe oder das Übungsschießen zu vermeiden, und dem schon beim Gedanken daran die Hände zu zittern anfingen.

Deshalb nutze ich gern die Gelegenheit, wenn ich gebeten werde, über das Thema „Posttraumatische Belastungsstörungen" im Dienstunterricht zu sprechen. Ansonsten behandle ich auch das „Überbringen einer Todesnachricht" und biete verschiedene Veranstaltungen für die Polizisten an. Da gibt es Bildungsreisen nach Israel, den Pilgerweg der Polizei oder auch mal eine Motorradfreizeit speziell für Polizisten. Insgesamt kann ich über diesen Dienst sagen, dass Gott die vielfältigen Begegnungen mit sehr unterschiedlichen Menschen in der Polizei in den vergangenen Jahren immer wieder intensiv gesegnet hat. Und es ist für mich auch eine Ehre „dazuzugehören", wenn ich zum Bcispiel von einer Polizeigewerkschaft gebeten werde, anlässlich ihrer Weihnachtsfeier ein geistliches Wort zu sagen, oder wenn es selbstverständlich ist, dass bei einer Beförderungsveranstaltung vom Polizeiseelsorger ein abschließendes Segenswort erbeten wird.

> **Gott hat die vielfältigen Begegnungen mit sehr unterschiedlichen Menschen in der Polizei immer wieder intensiv gesegnet.**

Umgang mit Extremereignissen

"*Wir saßen in gemütlicher Runde zusammen, Kollegen mit ihren Frauen. Und wie so oft war der Dienst Thema des Abends. Klaus arbeitet seit zehn Jahren bei den Todesermittlern. Als das Gespräch darauf kommt, wird er gefragt, ob ihn das nicht zu sehr belaste. ‚Das macht mir doch nichts aus. Männer müssen das abkönnen. Ich habe mich dabei nicht verändert.‘ Er hört nicht mehr, wie seine Frau neben ihm leise sagt: ‚Das glaubst auch nur du!‘*"

Holger Clas,
Erster Kriminalhauptkommissar
und Vorsitzender der Christlichen Polizeivereinigung e. V.

(Rohmer, Lutz / Rohmer, Birgit: „Typisch Schutzmann ...!" In: ChriPo. Zeitschrift der Christlichen Polizeivereinigung e. V. Nr. 1/1996, S. 8.)

Am 3.6.98 entgleiste der ICE „Wilhelm Conrad Röntgen" bei Eschede/Niedersachsen. 101 Menschen fanden den

Tod. Ein Celler Polizist war bei der Tatortarbeit eingesetzt. Eine Zeitung schrieb damals: „Durch das Objektiv seiner Kamera richtete der Polizist den Blick auf die grauenhaften Details. Die Bilder wird er nicht mehr los."

Beim Beruf der Polizeibeamtin bzw. des Polizeibeamten handelt es sich um eine Tätigkeit, die besondere Anforderungen an die körperliche und geistige Leistungsfähigkeit sowie an die seelische Belastbarkeit stellt.

Polizisten müssen immer wieder mit schlimmen Eindrücken fertigwerden. Manche Erlebnisse gehen so unter die Haut, dass sie zu ernsthaften seelischen Schäden führen können, wenn die Betroffenen sich nicht damit auseinandersetzen. Hierzu zählen z. B. das Mit-ansehen-Müssen, wie eine Person ernsthaft verletzt wurde, der Anblick von verstümmelten Leichen, der Tod von Kindern oder Kollegen, schweres eigenes Versagen, die Bedrohung des eigenen Lebens oder eine Zwangsmittelanwendung mit Todesfolge.

„Kein Lehrbuchautor und keine Polizeidienstkunde haben vorausgedacht, was uns begegnet ist", schreibt Rohmer in dem oben genannten Artikel und fragt: „Was geschieht mit dem Schmerz, der Wut und Empörung, unserem Mitleid, der Trauer und Verzweiflung?" Trotz aller Professionalität, die erfahrene Polizeibeamte ohne Frage erworben haben, fällt es vielen schwer, nach erlebten Extremsituationen wieder zur Tagesordnung überzugehen. Die Zahl der psychosomatischen Reaktionen und der damit teilweise verbundenen dienstlichen Probleme mehren sich.

Wenn der Vorgesetzte seinem Mitarbeiter effektiv und optimal helfen will, erlebte Extremereignisse zu bewältigen, setzt das voraus, dass er sich mit der Problematik der Posttraumatischen Belastungsreaktion auskennt und genug Hintergrundinformation besitzt, um seinem Mitarbeiter Wege und Hilfsmöglichkeiten aufzuzeigen. Er kann seiner Führungsaufgabe nur gerecht werden, wenn er sich umfassend und intensiv mit dieser Problematik beschäftigt hat.

Was ist ein Trauma?

Trauma (gr.: Verletzung, Wunde): Trauma ist ein Erlebnis, auf das der Mensch nicht in adäquater Weise reagieren und das er nicht verarbeiten kann. Deshalb verdrängt er es aus seinem Bewusstsein. Vom Unbewussten her entfaltet das traumatische Erlebnis ständig eine Wirkung auf das bewusste Leben, so als würde der Betreffende ständig mit dem Ereignis konfrontiert. Darauf zu reagieren wird seine dauerhaft ungelöste Aufgabe.

Extreme Erlebnisse vermitteln bei den betroffenen Menschen Grenzerfahrungen, die tief in das psycho-physische Gefüge eingreifen können. Es ist völlig normal, dass sie akute Stressreaktionen mit körperlichen und psychischen Störungen auslösen. Aus diesen kurzzeitigen Störungen des biologischen Gleichgewichtes können, sofern sie nicht aufgearbeitet werden, unter Umständen psychosomatische Erkrankungen erwachsen.

Traumatische Erlebnisse im Berufsalltag der Polizei sind nicht selten. In der Literatur werden vielfältige spezielle Stressoren, das heißt traumatisierende Erlebnisse, genannt, mit denen Polizeibeamte im Dienst überdurchschnittlich häufig konfrontiert werden können und auf die sie häufig mit Anzeichen einer Stressbelastung reagieren.

Beispielhaft seien hier genannt:

- Verkehrs- und Unglücksfälle
- Vernehmung von Kriminalopfern
- dauerhafter Umgang mit Toten, Schwerstverletzten und Opfern sexueller Gewalt
- gewalttätiger Angriff auf die eigene, eine andere Person oder einen Kollegen
- Schusswaffengebrauch
- hilflos mitansehen müssen, wie Menschen im Einsatz sterben
- Extremleichen
- Kinderleichen
- gewisse Gerüche
- tragische Umstände
- Erlebnisse bei Terroranschlägen und Katastropheneinsätzen

Mögliche Folgen der erlebten Extremsituation

Das erlebte Extremereignis muss nicht zu einem Trauma führen. Mögliche Folgen der erlebten Extremsituation können aber die Akute Belastungsreaktion, die nach

Schusswaffengebrauch auch „Post-Shooting-Trauma" genannt wird, und anschließend die Posttraumatische Belastungsreaktion, auch Posttraumatisches Stress-Syndrom genannt, sein.[5]

Akute Belastungsreaktion

Die Akute Belastungsreaktion folgt in den ersten vier Wochen nach dem Trauma. Die Zeitspanne von vier Wochen wurde in international geltenden Richtlinien zur Diagnoseerstellung (z. B. das *Diagnostic and Statistical Manual of Mental Disorders* und die Internationale Klassifikation der Krankheiten der WHO) festgelegt, die als Folge des Zweiten Weltkrieges mit all seinen psychischen Belastungen entstanden sind. Die Akute Belastungsreaktion ist keine Krankheit, sondern eine völlig normale Reaktion auf eine Extremsituation. Für die Akute Belastungsreaktion sind hier beispielhaft zu nennen:

- Immer wieder aufkommende, sich aufzwingende Erinnerungen (z. B. Flashbacks): Bilder, Vorstellungen, Geräusche, Gerüche u. Ä.
- (Alb-)Träume, Durchschlafstörungen
- Gefühl der Hilflosigkeit, Gleichgültigkeit

---

5 Als Kurzbezeichnung dafür hat sich die Abkürzung „PTSD" eingebürgert, was für „Posttraumatic Stress Disorder" steht. Teilweise werden auch die Abkürzungen „PTBR" für „Posttraumatische Belastungsreaktion", „PTBS" für „Posttraumatische Belastungsstörung" oder „PTSS" für „Posttraumatische Stress-Störung" bzw. „Posttraumatisches Stress-Syndrom" verwendet.

- Trance, Depersonalisation (neben sich stehen)
- Psychogene Amnesie (der sogenannte „Filmriss")
- Reizbarkeit, Nervosität, Konzentrationsschwierigkeiten, übertriebene Schreckhaftigkeit, motorische Unruhe usw.
- allgemeine Beeinträchtigung in sozialen, beruflichen oder anderen Bereichen (z. B. gegenüber Vorgesetzten, Kollegen, aber auch im Umgang mit der Schusswaffe)

Besonderheit: das „Post-Shooting-Trauma"

Eine besondere Extremlage stellt im Polizeidienst der Einsatz der Schusswaffe gegen Menschen dar. Es gibt Situationen, in denen sich für den Beamten nur zwei Reaktionsmöglichkeiten bieten: Entweder er schießt – mit allen rechtlichen und psychischen Konsequenzen – oder er schießt nicht, dann wird möglicherweise er selbst oder jemand anderes getötet. Ein Schusswaffengebrauch, der unter Umständen das Verletzen oder Töten eines Menschen beinhaltet, ist eine spezielle Belastungssituation, welche in der Folge ein Trauma auslösen kann, das allgemein als „Post-Shooting-Trauma" bezeichnet wird.

Posttraumatische Belastungsreaktion

Der Akuten Belastungsreaktion kann die Posttraumatische Belastungsreaktion folgen. Sie unterscheidet sich in ihrer Symptomatik nicht grundsätzlich von der Akuten Belastungsstörung. Bei der Posttraumatischen

Belastungsreaktion sind die Symptome aber intensiver und von längerer Dauer. Anzeichen dafür sind:

- Die o. g. Symptome bleiben länger als einen Monat bestehen
- Verdrängungsversuche scheitern
- allgemeines „Zurückziehen" aus dem Umfeld
- starke Beeinträchtigung in sozialen, beruflichen oder anderen Bereichen

Die Posttraumatische Belastungsreaktion stellt – im Gegensatz zur Akuten Belastungsreaktion – eine psychische Erkrankung dar. Der Betroffene schafft es nicht, die erlebte Extremsituation in angemessener Zeit zu verarbeiten. Eine Rückbildung der Akuten Belastungsreaktion hat nicht stattgefunden, und das hat zur Posttraumatischen Belastungsreaktion geführt.

Abgrenzung zu anderen psychischen Störungen

Die genannten aufgeführten Belastungsstörungen müssen klar von Anpassungsstörungen (z. B. Mobbing im Dienst oder wenn eine Person vom Partner verlassen wird) unterschieden werden. Bei den Posttraumatischen Belastungsreaktionen ist der Stressor extrem (z. B. lebensbedrohlich), während bei der Anpassungsstörung der Stressor nicht so extrem ist.

Wo finde ich Hilfe?

Zu einem professionellen Umgang mit Belastungssituationen stehen Polizeibeamtinnen und -beamten verschiedene Möglichkeiten offen. Die Christliche Polizeivereinigung bietet beispielsweise zum Umgang mit den dienstlichen Belastungen und deren Folgen Seminare an.

Weiterhin sei hier die Polizeiseelsorge genannt: Bereits im Jahre 1921 wurde in Deutschland auf Initiative der Polizeibediensteten Münchens der erste Polizeiseelsorger in sein Amt eingeführt mit dem Auftrag, die ihm zugeteilten Polizeibeamten geistlich zu unterstützen. In der Regel stehen ein evangelischer und ein katholischer Polizeiseelsorger für Betroffene zur Verfügung. Des Öfteren sind diese auch Angehörige des Beratungs- und Betreuungsteams bzw. des Kriseninterventionsteams der Polizei. An sie können sich unabhängig von ihrem Bekenntnis oder ihrer Kirchenzugehörigkeit alle Mitarbeiter der Polizei wenden, die in beruflichen oder privaten Fragen ein Gespräch zur Klärung, Orientierung oder Entlastung suchen.

Alle Gespräche mit den Polizeiseelsorgern unterliegen dem Seelsorgegeheimnis der Kirche und dem Zeugnisverweigerungsrecht im Strafverfahren gem. § 53 (1) 1 StPO, sofern sie mit ihnen in ihrer Eigenschaft als Seelsorger geführt worden sind. Außerdem haben sie den Vorteil, dass sie nicht wie die Polizeibehörde bzw. Polizeibeamte gem. § 163 (1) StPO zu strafverfolgenden Maßnahmen verpflichtet sind.

Des Weiteren gibt es in vielen Polizeien der Bundesländer Institutionen, deren Erreichbarkeit Sie in der Regel im polizeilichen Intranet finden:

- Polizeiärztlicher Dienst
- Polizeipsychologischer Dienst
- Psychosoziale Notfallversorgung

Tipp

Mit hohem Engagement verrichten die Kolleginnen und Kollegen der Polizei täglich ihren Dienst und sorgen für Sicherheit und Ordnung. Der Berufsalltag verlangt mitunter viel von uns. Dabei kann es passieren, dass extreme Stresssituationen innerhalb eines Einsatzgeschehens die Grenzen der physischen und psychischen Belastbarkeit aufzeigen. Manchmal machen sich solche Belastungen auch erst im Laufe der Zeit bemerkbar.

Handeln Sie professionell und holen Sie sich Unterstützung, wenn es nötig ist! Die CPV vermittelt gern einen kompetenten Berater.

Woran erkennt man, dass man therapeutische Hilfe braucht?

Dr. Anette Dörr,
Psychotherapeutin, Koblenz

Extremereignisse gehen über das normale Maß an Belastung hinaus. Sie würden bei den meisten Menschen dazu führen, dass sie anders reagieren, als sie es von sich selbst kennen. Insbesondere Polizisten trainieren aber vom Beginn ihrer Ausbildung an, in Auseinandersetzungen zu gehen, um zu ordnen und zu schlichten. Sie gehen dahin, wo andere weggehen. Sie müssen den natürlichen Impuls, sich in Sicherheit zu bringen, wenn Aggressionen in Gewalt umschlagen, überwinden. Das gelingt ihnen, weil sie Methoden und Mittel an die Hand bekommen, um Eskalationen zu verhindern oder zu beenden. Wenn sie häufig genug die Erfahrung gemacht haben, dass sie erfolgreich mit schwierigen Situationen umgegangen sind, sinkt ihr allgemeines Angstniveau ab, und spezifische Angstreaktionen werden schwächer.

Vor einem Einsatz werden sie dennoch eine gewisse Aufregung spüren oder auch körperliche Reaktionen zeigen. Dies ist auch notwendig und gesund, denn das psychische System muss zwischen einer entspannten Situation und einer Gefahrenlage unterscheiden. In der Gefahrenlage fährt das System hoch, d. h. es gibt eine Aufmerksamkeitsreaktion, man ist hoch konzentriert, der Kreislauf ist aktiviert, sodass das Herz schneller schlägt und die Muskeln gut durchblutet werden. Diese Reaktionen auf ein Gefahrensignal befähigen den Menschen zu Angriff oder Flucht.

Der Polizist kann wie der Feuerwehrmann aber nicht fliehen, das bedeutet, er weiß, dass er der Gefahr primär nicht ausweichen kann, sondern sich der Situation stellen muss. Schon diese Entscheidung kostet Kraft und muss nicht nur bei der Berufswahl in grundsätzlicher Form, sondern jedes Mal wieder getroffen werden. Der dienstliche Alltag besteht aus Einzelsituationen, die bewältigt werden wollen. Das Risiko, die Lage nicht zu beherrschen und verletzt oder getötet zu werden, muss getragen werden. Zudem besteht die Möglichkeit, dass durch eigene Fehler andere zu Schaden kommen oder neue Gefahrensituationen mit Folgeschäden auftreten.

Gewalt zu erleben, d. h. geschlagen oder getreten zu werden, Bedrohungen oder Tötungsversuchen mit Waffen, vielleicht auch nur verbalen Attacken ausgesetzt zu sein, angespuckt oder in anderer Weise gedemütigt zu werden, sind große Herausforderungen. Angegriffen wird die Persönlichkeit des Menschen. Eigentlich wollen wir in so etwas nicht hineingezogen werden. Das Bedürfnis, die eigene Person zu schützen, ist ein angeborener Mechanismus, und es erfordert deshalb eine gute Ausbildung, aber auch eine grundlegende positive Einstellung zu diesem besonderen Beruf, den Einsatz entgegen dem natürlichen Selbstschutz-Impuls wahrzunehmen.

Wenn die Identifikation mit der Arbeit als Polizist oder Feuerwehrmann nicht mehr gegeben ist, wird die Regeneration nach schweren Einsätzen kaum noch gelingen. Die Psyche ist dann nicht mehr in der Lage, einen Sinn darin zu finden, sich solchen Extremsituationen zu stellen, und sie zu verarbeiten.

Menschen, die in diesem außergewöhnlichen Beruf arbeiten, müssen in besonderem Maße auf sich aufpassen und dafür Sorge tragen, dass sie an Leib und Seele gesund bleiben. Die Selbstreflektion – also die Wahrnehmung des eigenen Befindens, die Aufmerksamkeit gegenüber Gedanken und Gefühlen und die Fähigkeit, die Sprache des Körpers zu verstehen – ist ein bedeutender Faktor, um zu spüren, wenn die innere Balance verloren geht.

Folgende Anzeichen weisen darauf hin, dass die Fähigkeit zur Regeneration nach schweren Erlebnissen nicht mehr ausreichend ist:

- typische Sätze, die die Gedanken oder die Gespräche beherrschen: „Warum mache ich das eigentlich noch?",

„Das ist ja Wahnsinn", „So was darf es einfach nicht geben", „Das macht doch alles keinen Sinn mehr"

- Gedanken und Bilder kreisen nach einer Woche immer noch ununterbrochen um das erlebte Extremereignis
- Nach vier Wochen besteht immer noch das Gefühl, dass man Erinnerungen an das Ereignis nicht abschalten kann und dass die Bilder ihre Kraft nicht verlieren
- Vermeiden von Orten oder Personen, die mit dem Ereignis in Zusammenhang stehen
- Einschlaf- und Durchschlafprobleme halten länger als zwei Monate an
- erhöhter Alkoholkonsum, um überhaupt abschalten zu können
- Dünnhäutigkeit (man regt sich über alles viel mehr auf als früher)
- erhöhte Schreckhaftigkeit (z. B. wenn man von hinten berührt wird)
- ausgeprägtes negatives Denken, insbesondere negative Zukunftserwartung (man verliert den Optimismus und erwartet immer nur Schlechtes, egal, ob es um die Reparatur des Autos geht oder die Schulleistung des Kindes)
- starke emotionale oder körperliche Reaktionen bei allem, was mit dem Extremereignis in Zusammenhang steht (z. B. Schweißausbruch, Zittern, Übelkeit, Kopfschmerzen)
- intensive, plötzlich einschießende bildhafte Erinnerungen mit Echtheitscharakter (d. h. der Eindruck besteht

für einen Moment, als wäre man aktuell wieder in der schrecklichen Situation).

- kurze oder längere Momente, in denen man sich abwesend fühlt oder nicht richtig da ist (sogenannte Dissoziationen)
- zunehmendes Desinteresse an vormals wichtigen Menschen oder Themen (Hobbys werden vernachlässigt)
- erhöhtes Risikoverhalten (z. B. Rasen beim Autofahren)
- Suizidgedanken

Diese Anzeichen sind besonders dann Warnsignale, wenn es sich um Veränderungen handelt, also wenn man sich vor dem Extremereignis nicht so verhalten hat. Hier kann auch die Einschätzung eines Kollegen, Freundes oder der Partnerin hilfreich sein, die Veränderungen eventuell klarer zu erkennen.

Hilfe zur Selbsthilfe

Selbstreflektion
Die Frage „Wie geht es mir?" sollte man sich selbst stellen und beantworten. Man kann lernen, in sich hineinzuhorchen: Welche Gedanken habe ich im Kopf? Wohin wandern meine Gedanken? Mit welchen Fragen oder Themen oder Erinnerungen beschäftige ich mich?

Gefühle kann man erspüren und ausdrücken. Gefühle sind Signale aus unserem Inneren, die eine Botschaft vermitteln und Impulse geben. Wir kennen z. B. Freude, Angst, Überraschung, Traurigkeit, Ekel, Unsicherheit. Gefühle können wir beschreiben mit Begriffen, mithilfe von Symbolen oder auch mit Farben. Wir können über sie reden und sie mit Worten mitteilen. Wir können sie über Gesten vermitteln und verstärken. Wir können über sie schreiben oder malen.

Eine Möglichkeit ist, eine Art Tagebuch anzulegen, in dem weniger die Ereignisse des Tages aufgeschrieben werden als vielmehr das innere Erleben. Wir können Antworten suchen auf Fragen wie: Was will ich? Was fürchte ich? Worüber freue ich mich? Was macht mir Sorgen?

Es ist hilfreich, alleine zu sein, um mit sich selbst in Kontakt zu kommen. Die Selbstwahrnehmung wird gefördert beim Nichtstun, während des Spazierengehens oder wenn man auf das Meer schaut. Auch beim Unkrautjäten oder beim Bügeln kann man bei sich sein und sich bewusst werden: Was läuft da in mir ab?

Selbstfürsorge

Was kann ich mir Gutes tun? Wonach sehne ich mich? Kann ich das verwirklichen? Brauche ich jetzt einen Kaffee oder einen Tee? Oder lieber ein Gespräch oder meine Ruhe? Muss ich mich körperlich fordern oder ausschlafen? Welche Ziele habe ich mir gesetzt und wie bin ich da vorangekommen? Wie komme ich zurück auf die Spur? Wo muss ich etwas beenden oder anders machen? Will ich etwas Neues beginnen? Will ich etwas Neues haben?

Will ich etwas Neues erleben? Was schadet mir, und wie kann ich mich schützen? Von wem kann ich Hilfe bekommen?

Sprechen

Ein Gespräch mit einer Vertrauensperson kann mir spiegeln, was mich bewegt. Der Gesprächspartner kann mich durch einfühlsames Fragen und aufmerksames Zuhören zu einem vertieften Verständnis meiner selbst führen. Diese Person muss oder sollte gar nicht alle meine Fragen beantworten können oder den perfekten Rat haben, sie muss erst einmal nur da sein und das aushalten können, was sie hört. Gemeinsam kann dann das weitere Vorgehen beraten werden.

Atemübung

Wenn wir aufgeregt sind oder Ängste sich breitmachen, ist es hilfreich, die Atmung zu beachten und zu beruhigen. Es gibt unterschiedliche Methoden, wie man Entspannungsübungen erlernen und für sich nutzen kann. Empfohlen wird die Muskelrelaxation nach Jacobsen. Diese Methode ist bewährt und entfaltet sofort ihre Wirkung. Im Internet stehen zahlreiche Anwendungen zur Verfügung. Wenn sich der Atem beruhigt, flachen auch die Angstgefühle ab.

Als Basisübung, um den Atem gleichmäßig und ruhig fließen zu lassen, kann man beim Einatmen bis drei zählen und beim Ausatmen bis vier. Wenn man dabei die Augen schließt, kommt man im Allgemeinen besser in das

Entspannungsgefühl hinein. Dies kann man praktizieren, wenn man sich in einer geschützten Umgebung befindet, z. B. zu Hause. Ist man unterwegs oder durch belastendes Bildmaterial gestresst, sollte man die Augen lieber geöffnet lassen. Beim Zählen muss man für sich ausprobieren, eine passende Geschwindigkeit und einen geeigneten Rhythmus zu finden.

Eine Erweiterung ist, wenn man beim Einatmen die Fäuste ballt und beim Ausatmen wieder lockerlässt. Dies verstärkt das Gefühl der zunehmenden Entspannung durch die Wahrnehmung des Unterschiedes zwischen Anspannung und Entspannung.

Gebete der Bibel: die Psalmen

Mit den Psalmen haben sich Menschen in unterschiedlichen, häufig sehr notvollen Situationen Gott zugewandt und ihm ihr Herz ausgeschüttet. Man kann sie still für sich lesen wie eine Andacht oder sich den Text zu eigen machen, indem man ihn z.B. mit lauter Stimme als persönliches Gebet spricht. Zwei Psalmen Davids, die das Vertrauen auf Gottes liebevolle Hilfe in der Todesgefahr thematisieren, können besonders empfohlen werden.

Psalm 27

Ein Psalm Davids. Der Herr ist mein Licht und mein Heil – vor wem sollte ich mich fürchten? Der Herr beschützt mich vor Gefahr – vor wem sollte ich erschrecken? Wenn böse Menschen kommen, um mich zu vernichten, wenn meine Feinde und Verfolger mich angreifen, dann werden sie stolpern und stürzen. Ein mächtiges Heer umzingelt mich, dennoch fürchte ich mich nicht. Auch wenn sie mich angreifen, bleibe ich voller Zuversicht. Eine einzige Bitte habe ich an den Herrn: Ich sehne mich danach, solange ich lebe, im Haus des Herrn zu sein, um seine Freundlichkeit zu sehen und in seinem Tempel still zu werden. Denn er wird mich aufnehmen, wenn schlechte Zeiten kommen, und mir in seinem Heiligtum Schutz geben. Er wird mich auf einen hohen Berg stellen, wo mich niemand erreichen kann. Dann werde ich über meine Feinde, die mich umzingeln, triumphieren. Jubelnd will ich ihm Opfer darbringen und den Herrn loben und ihm singen. Hör meine Bitten, Herr! Sei barmherzig und erhöre mich! Ich erinnere mich, dass du gesagt hast: „Suchet meine Nähe!" Und ich habe geantwortet: „Herr, dich suche ich." Verbirg dich nicht vor mir, und verstoße deinen Knecht nicht im Zorn! Du hast mir immer geholfen, darum verlass mich jetzt nicht! Gott, mein Retter, lass mich nicht im Stich! Wenn selbst Vater und Mutter mich verlassen, wird doch der Herr mich aufnehmen. Herr, zeige mir, wie ich leben soll, und führe mich den Weg, der richtig ist, denn meine Feinde warten nur darauf, dass ich falle. Gib mich nicht in ihre Hände, denn sie beschuldigen mich vieler Dinge, die ich nicht getan habe, und werden mir Grausames antun. Doch ich vertraue fest darauf, dass ich noch sehen werde, wie gut Gott ist, solange ich lebe. Vertraue auf den Herrn! Sei mutig und tapfer und hoffe geduldig auf den Herrn!

Psalm 23

Ein Psalm Davids. Der Herr ist mein Hirte, ich habe alles, was ich brauche. Er lässt mich in grünen Tälern ausruhen, er führt mich zum frischen Wasser. Er gibt mir Kraft. Er zeigt mir den richtigen Weg um seines Namens willen. Auch wenn ich durch das dunkle Tal des Todes gehe, fürchte ich mich nicht, denn du bist an meiner Seite. Dein Stecken und Stab schützen und trösten mich. Du deckst mir einen Tisch vor den Augen meiner Feinde. Du nimmst mich als Gast auf und salbst mein Haupt mit Öl. Du überschüttest mich mit Segen. Deine Güte und Gnade begleiten mich alle Tage meines Lebens, und ich werde für immer im Hause des Herrn wohnen.

Realitäts-Check

Häufig werden unsere Ängste gesteigert, weil wir Gedanken oder Bilder in unserem Kopf haben, die über das, was wir erlebt haben, hinausgehen. Wir produzieren Angstfantasien. Wir stellen uns Dinge vor, die passieren könnten. Oder wir wiederholen in Endlosschleife, was geschehen ist.

Es ist hilfreich zu lernen, im Hier und Jetzt zu bleiben. Wir können mit der Prüffrage arbeiten: Was ist jetzt? Und dann kann man das beschreiben, was jetzt ist, was man sieht, was man hört, was man schmeckt oder fühlt (im Sinne von spüren, wie sich der Stift anfühlt, den ich in der Hand halte, oder der Stoff meines T-Shirts). Ich kann fünf Dinge aufzählen, die rot sind, dann fünf Dinge, die grün sind, usw. Man kann beim Autofahren die Ziffern der Autokennzeichen addieren. Dies alles hilft, hier zu bleiben und nicht in Angstsituationen abzuschweifen. Man kann die Bewertung „Jetzt bin ich sicher" oder „Ich schaffe das" auch als positive Verstärkung nutzen, um aufkommende Ängste zu entkräften.

Bewegung

Wenn wir uns bewegen, können wir die Psyche über den Körper entlasten. Das Durchleben bedrohlicher Situationen erhöht den Spiegel an Stresshormonen in unserem Körper und versetzt uns dadurch in die Lage, zu kämpfen oder zu fliehen. Wenn wir das aber nicht tun, sondern auf einem Stuhl sitzen oder auf dem Sofa liegen, kommt es zu Missempfindungen. Die Bereitstellung der Kräfte wird nicht benötigt. Es entwickelt sich eine innere und äußere Unruhe. Durch Bewegung wie beispielsweise Spazierengehen, Joggen, Fahrradfahren, aber auch Liegestütze, Holzhacken oder Training im Fitnessstudio kommt der Körper wieder ins Gleichgewicht.

Regelmäßige Bewegung, auch sogenannte Alltagsbewegung, z. B. der Gang zum Supermarkt oder zur Post, die Benutzung der Treppe anstatt des Fahrstuhls, sind eine gute Prophylaxe gegen psychische Störungen.

Professionelle Hilfe:
Was machen Psychotherapeuten?

Zuhören

Therapeuten hören zu. Sie stellen andere Fragen, als man es gewöhnt ist, und erforschen dadurch den Problemkomplex. Sie fördern, dass der Hilfesuchende lernt, über das schwierige Erleben zu sprechen. Häufig fragen sie danach, was man empfindet, wie es sich anfühlt oder was eine bestimmte Situation ausgelöst hat. Sie fragen nach der Bedeutung von Menschen und ihren Reaktionen und nach Bewertungen, mit denen man Ereignisse einordnet. Das führt dazu, dass in das Gedankenchaos oder die emotionale Überflutung eine gewisse Ordnung kommt.

Validieren

Therapeuten validieren. Das heißt, sie sind positiv zugewandt und schaffen Raum, damit das, was hochkommt, da sein kann und darf. Sie ermutigen, auch Unangenehmes, Schweres oder Schamhaftes auszusprechen, um damit arbeiten zu können.

Im therapeutischen Gespräch bekommt man Information zu auffälligen Reaktionen und zu Störungsbildern (Psychoedukation). Eventuell wird eine Diagnose gestellt. Es ist hilfreich für den Betroffenen, wenn er merkt: Der Therapeut kennt das, was man beschrieben hat, kann das zuordnen und weiß, wie man damit umgeht.

Keine Medikamente

Psychotherapeuten verschreiben keine Medikamente. Psychopharmaka (z. B. Antidepressiva), die manchmal im Laufe der Therapie empfohlen werden, müssen vom Hausarzt oder vom Psychiater verordnet werden.

Innere Dialoge beachten

Ein wichtiger Teil der therapeutischen Arbeit ist, die inneren Dialoge zu erkennen und evtl. zu verändern. Menschen sind eigentlich immer mit sich im Gespräch, allerdings ist uns das häufig nicht bewusst. Man kommentiert das eigene Verhalten oder Situationen, die man erlebt hat. Wenn diese Selbstverbalisationen abwertend sind, dann beeinflusst das unser Selbstwertgefühl negativ. Es wird daher erarbeitet, wie ich mit mir umgehe, ob ich dadurch ein angemessenes Verhalten unterstütze oder hemme, indem ich mich nach einem alten, gut eingeübten Schema schlecht behandle. Eine Variante kann sein, dass ich dazu neige, mir die Schuld zu geben oder mich als Versager zu beschimpfen, wenn etwas Schlimmes passiert ist. Dieses Denk- und Gefühlsschema muss erkannt und entkräftet werden.

Neue Bewertungen finden

Der therapeutische Prozess hilft dem Betroffenen, das Ereignis und die eigenen Reaktionen neu zu bewerten. Innere Kommentare, die häufig selbstabwertend sind oder die eigene Machtlosigkeit ausdrücken, führen zu belastenden Emotionen wie Versagensängsten, negativen Zukunftserwartungen oder Schuldvorwürfen.

Negative Bewertungen sind z. B.: „Ich halte das nicht aus. Das hätte nie passieren dürfen. Das ist eine Katastrophe, die mich überfordert. Das verzeihe ich mir nie. Ich schaffe das nicht. Ich werde nie mehr glücklich sein."

Positive Bewertungen sind z. B.: „Ich will das schaffen. Ich habe es überlebt. Das Schlimmste habe ich überstanden. Ich will das jetzt annehmen, wie es ist. Ich will lernen, damit umzugehen."

Für gläubige Menschen sind Sätze möglich wie: „Gott, ich weiß, dass du auch jetzt da bist. Ich bin in Gottes Hand. Jesus geht mit mir da durch."

Unterstützend mit sich zu sprechen und zu sich zu stehen auch im erlebten Zustand von Schwäche öffnet einen neuen Zugang zur Verarbeitung des Erlebten.

Stabilisieren und Konfrontieren

Falls durch ein Extremereignis eine Traumafolgestörung entstanden ist, wird dies ins Zentrum der Behandlung rücken. Eine Traumatherapie hat zwei Säulen: Stabilisieren und Konfrontieren. Dabei wird alles, was zur Stabilisierung erlernt wird, unmittelbar als entlastend erlebt, während die Konfrontation mit Erinnerungen an das schwere Ereignis eine Herausforderung ist. Dennoch lohnt es sich, diesen Weg der Auseinandersetzung zu gehen, damit die Erinnerungen integriert werden können und ihre angstauslösende Kraft verlieren. Es stehen verschiedene Techniken zur Verfügung, um das Trauma zu bewältigen wie z. B. die kognitive Verhaltenstherapie, imaginative Verfahren, EMDR *(Eye-movement desensitisation and reprocessing)* oder Erstellen eines Traumaberichtes aus der Ich-Perspektive.

Wenn ein Trauma vorliegt, werden die Erinnerungen an die extreme Situation nicht mit der Zeit von alleine verblassen, sondern immer wieder – getriggert durch unterschiedliche Auslöser – schlagartig auftreten und massiven emotionalen Druck ausüben. In der Regel versuchen Betroffene, dies durch Vermeidungsverhalten in den Griff zu bekommen. Dies funktioniert allerdings nicht, da die Vermeidung bestimmter Orte, Personen oder Situationen nur kurzfristig zur Entlastung führt, langfristig aber den Teufelskreis der Angst unterstützt. Es ist daher sinnvoll, Widerstände, die auf Angst oder auch Scham beruhen, zu überwinden und therapeutische Hilfe zu suchen.

„Der Herr ist mein Licht und mein Heil – vor wem sollte ich mich fürchten? Der Herr beschützt mich vor Gefahr – vor wem sollte ich erschrecken?"
Psalm 27,1

Rund um den Dienstunfall

Nahezu jeder im Primärvollzug tätige Beamte wird vermutlich mindestens einmal im Dienst verletzt und schreibt daraufhin (hoffentlich) eine Dienstunfall-Meldung. Aber nicht in jedem Fall wird dann auch ein Dienstunfall anerkannt. Warum ist das so?

Das Dienstunfallrecht hat sich über die Jahre zu einer komplexen Materie entwickelt. Wichtig ist, dass die Betroffenen das Verfahren von Anfang an bestmöglich unterstützen. Sie sind zur Mitwirkung verpflichtet und gut beraten, alle für das Verfahren wichtigen Unterlagen und Nachweise der sachbearbeitenden Dienstunfallstelle vorzulegen. Dies gilt gleichermaßen für die Vorgesetzten,

Jörg König, Polizeihauptkommissar a. D., war neun Jahre als Sachgebietsleiter im Bereich Soziale Angelegenheiten tätig. Zu den Aufgaben seiner Dienststelle gehörte auch die Beratung von im Dienst verletzten Polizeibeamten und -beamtinnen sowie ihrer Vorgesetzten.

wenn der oder die Betroffene verletzungsbedingt hierzu nicht in der Lage ist.

Ein Dienstunfall ist nach den Legaldefinitionen der Beamtenversorgungsgesetze „ein auf äußerer Einwirkung beruhendes, plötzliches, örtlich und zeitlich bestimmbares, einen Körperschaden verursachendes Ereignis, das in Ausübung oder infolge des Dienstes eingetreten ist". Als „Körperschaden" im Sinne des Dienstunfallrechts kommen auch psychische Beeinträchtigungen in Betracht. Solche als Dienstunfallfolge anzuerkennende Verletzungen der Psyche können sich zum Beispiel aus der Teilnahme an extremen Einsätzen ergeben.

Nicht selten scheitern Kollegen an den Meldefristen. Darum ist dringend zu empfehlen, jedes dienstliche Geschehen, das möglicherweise gesundheitliche Schäden verursacht hat oder verursachen könnte, innerhalb der gesetzlichen Ausschlussfrist von zwei Jahren, am besten aber sofort zu melden. Erst später erkennbar werdende Folgen müssen innerhalb von drei Monaten nach ihrem Auftreten gemeldet werden und können anerkannt werden, wenn seit dem Unfall noch keine zehn Jahre vergangen sind.

Neben der Schilderung des Vorfalls ist der Nachweis des Körperschadens erforderlich. Körperschäden können z. B. „sichtbare" Verletzungen (bspw. Bruch, Prellung, Schnittverletzung), psychische Beeinträchtigungen (bspw. Trauma) oder eine Infektion (bspw. Hepatitis, Aids, Borreliose) sein. Es empfiehlt sich, einen Facharzt aufzusuchen, der die Verletzungen in einem ausführlichen Arztbericht mit Diagnosestellung in Bezug zum Vorfall dokumentiert. Die Diagnoseziffer auf der Krankschreibung ist als Nachweis nicht ausreichend.

Ein weiteres Augenmerk ist auf die Kausalität zu legen. Der Sachbearbeiter wird, erforderlichenfalls unter Beteiligung des Personalarztes, prüfen, ob der Vorfall zu der vorliegenden Verletzung geführt hat oder beispielsweise eine Vorschädigung ausschlaggebend war. Dabei werden alle Unterlagen einbezogen, auch Berichte oder Strafanzeigen. Je besser und ausführlicher diese gefertigt wurden, umso leichter kann dieser Nachweis gelingen. Dies kann dann auch bei einer abschließenden Prüfung, ob ein qualifizierter Dienstunfall vorliegt, das Zünglein an der Waage werden. Bei psychischen Unfallfolgen ist die Kausalität mitunter schwer zu beurteilen, insbesondere wenn diese Folgen erst lange Zeit nach dem Ereignis auftreten.

Natürlich hat die oberste Priorität, dass die Verletzten wieder gesund werden. Gelingt dies aber nicht oder nur teilweise, hilft ein anerkannter Dienstunfall, eine gute Versorgung zu erhalten. Beispielsweise kann das eine Unfallausgleichszahlung sein (bestehender Körperschaden mind. 30 % und länger als ein halbes Jahr), die neben dem Gehalt gezahlt wird. Für den Fall eines nicht abzuwendenden Ausscheidens aus dem Dienst würde darüber hinaus auch ein erhöhtes Ruhegehalt (Unfallruhegehalt) gezahlt werden, sodass man zumindest finanziell etwas bessergestellt wäre.

Traumata in der Bibel? – Zum Beispiel Josef

Torsten Bödeker,
Leitender Polizeidirektor a. D.,
ehem. Personalchef der
Hamburger Polizei

Stopp! Seid doch nicht so hasser-füllt! Ich habe euch nichts getan. Ich bin doch euer Bruder.

Ihr macht doch nur einen Spaß mit mir, stimmt's? Okay, das ist euch gelungen. Ihr habt mich genug erschreckt und könnt wieder aufhö-ren. Holt mich bitte wieder raus!

Ich spioniere euch nicht nach. Der Vater hat mich geschickt, nach euch zu sehen. Vielleicht hätte ich umkeh-ren sollen, als ich euch nicht gleich gefunden habe. Aber es war unserem Vater wichtig, dass ich euch finde.

Wie tief mag dieser Brunnen sein? Ohne Hilfe komme ich hier nie wieder raus. Wenn er voller Wasser wäre, wäre ich schon ertrunken. Lasst mich hier unten nicht allein!

Ergeht es mir jetzt wie Abel, der von seinem eigenen Bru-der erschlagen wurde? Nein, bitte tut das nicht! Bedenkt, dass

Abels Blut noch heute zu Gott schreit. Und was wollt ihr dem
Vater sagen? Es würde ihm das Herz brechen.

Was beratschlagt ihr so lange da oben?
Seid ihr überhaupt noch da?

„Seine Brüder erkannten ihn schon von weitem. Noch
bevor er sie erreichte, beschlossen sie, ihn umzubringen.
Kaum hatte Josef sie erreicht, da entrissen sie ihm sein vor-
nehmes Gewand und warfen ihn in den leeren Brunnen-
schacht." (1. Mose 37,18 und 23-24)

***

Wie Vieh verkauft! Für 20 Silberstücke! Für den Sklavenmarkt!
Einfach verkauft! Warum muss das gerade mir passieren?
Warum ausgerechnet mir?

Heute Morgen war alles noch gut. Ich war glücklich und
freute mich auf eine glänzende Zukunft. Ich will wieder nach
Hause zu unseren Ziegen und Schafen. Ich will nach Hause
zum Vater!

Diese schreckliche Ungewissheit. Wo bringen die Händler
mich hin? Was wird man in Ägypten mit mir machen? Ich bin
doch noch so jung.

Wie sehr hatte ich mich gefreut, als die Brüder mich aus
dem Brunnen holten. Ich dachte schon: Alles wird wieder gut.
Was für ein Irrtum! Jetzt erwartet mich der Steinbruch oder
noch schlimmere Zwangsarbeit.

Au! Was soll das? Wozu diese Schläge? Ich gehe doch schon,
so schnell ich kann. Seit Stunden habe ich nichts gegessen.

Meine Zunge klebt am Gaumen. Und in diesen Ketten kann ich nicht schneller.

Wie wollen meine Brüder unserem Vater überhaupt mein Verschwinden erklären? Wird ihn der Kummer ins Grab bringen? Vielleicht sagen sie ihm eines Tages die Wahrheit. Dann wird er kommen und mich zurückkaufen. Ganz bestimmt wird er das!

„Dann setzten sie sich, um zu essen. Auf einmal bemerkten sie eine Karawane … und so holten sie Josef aus dem Brunnen und verkauften ihn für 20 Silberstücke an die ismaelitischen Händler, die ihn mit nach Ägypten nahmen." (1. Mose 37,25a und 28)

***

Jetzt sitze ich im Kerker wie damals im Brunnen. Dabei bin ich unschuldig. Vergewaltigung, was für ein absurder Vorwurf. Potifars Frau wollte mich verführen. Aber ich kann doch nicht mit der Frau meines Herrn schlafen. Meines Herrn, der mir vertraute. Ich konnte ihn doch nicht einfach hintergehen.

Gerade hatte ich wieder gespürt, wie Gott seinen guten Segen auf mich legt. Als Sklave war ich sogar bis zum Verwalter aufgestiegen – was für eine Karriere! Alles gelang mir. Mein Herr brauchte sich um nichts mehr selbst zu kümmern.

Und nun das Ende der Karriere – wegen eines Justizirrtums. Wie geht es weiter? Geht es überhaupt noch weiter?

Dieser feuchte, kalte Gestank – in diesem Kerker fühlt man sich wie lebendig begraben. Nein, man ist lebendig begraben! Wie sehr würde ich mich schon über etwas frische Luft freuen!

„Da packte sie ihn am Gewand. ‚Komm mit mir ins Bett!‘, drängte sie. Josef riss sich los, ließ sein Gewand in ihrer Hand und floh nach draußen. Potifars Frau schrie auf, rief nach ihren Dienern und zeigte ihnen Josefs Gewand. ‚Seht‘, rief sie, ‚mein Mann hat uns einen Hebräer ins Haus gebracht, der jetzt mit uns umspringt, wie er will! Er wollte mich vergewaltigen, aber ich habe laut geschrien.‘ … Als Potifar das hörte, geriet er in Zorn und ließ Josef ins Staatsgefängnis werfen.“ (1. Mose 39,12-14 und 19-20)

***

Die Zeit verrinnt. Wertvolle Lebenszeit. Meine Lebenszeit! Bleibe ich immer in diesem Kerker? Werde ich noch einmal die Sonne sehen?

Was war ich voller Zuversicht, als der königliche Mundschenk begnadigt wurde! Mit Gottes Hilfe hatte ich seinen Traum gedeutet. Wie ich es prophezeit hatte, bekam er wenig später sein Amt und seine Vertrauensstellung zurück. Wollte er sich nicht gleich beim Pharao für mich einsetzen? Er kann das doch unmöglich vergessen haben!

Haben mich jetzt alle vergessen?

Lebt überhaupt noch jemand von meiner Familie?

„Doch der Mundschenk dachte nicht mehr an Josef, er vergaß ihn einfach.“ (1. Mose 40,23)

***

Die Bibel sagt uns nicht, was Josef in seinen dunkelsten Stunden wirklich gedacht hat. Die fiktiv beschriebenen Gedanken sind aber durchaus realistisch. Schließlich war Josef ein Mensch wie wir mit normalen Empfindungen und Gefühlen. Er war verzweifelt, mutlos und enttäuscht. Aber er vertraute sich immer wieder Gott an. Er hatte sicher Zweifel und haderte mit seinem Schicksal, aber er blieb mit Gott im Gespräch und überließ sich nicht der Bitterkeit. Er hielt daran fest, dass hinter all den schlimmen Erlebnissen irgendwie ein Plan Gottes stehen muss.

Deshalb hat Josef auch nicht aufgegeben, aus den schrecklichen Situationen seines Lebens das Beste zu machen. Als Sklave leistete er keinen „Dienst nach Vorschrift", sondern setzte sich für seinen Besitzer voll ein. Auch im Gefängnis zeigte er sich dienstwillig und freundlich, übernahm Aufgabe um Aufgabe, stieg zur „rechten Hand" des Gefängnisdirektors auf und kümmerte sich um die Haftbedingungen der anderen Gefangenen.

Sein Vertrauen auf Gott hinderte Josef nicht daran, den Mundschenk des Pharaos um Hilfe zu bitten. Vielleicht hatte Gott ja genau deshalb diesen hochrangigen Beamten ins Gefängnis geschickt. Tatsächlich war es dann ja auch der Mundschenk, der – wenn auch sehr verspätet – den Pharao auf Josef aufmerksam machte.

So wendet Gott schließlich Josefs Situation. Josef wird aus dem Gefängnis freigelassen, steigt zum mächtigsten Staatsminister Ägyptens auf und erhält angesichts einer drohenden Hungersnot die Verantwortung für die

Versorgung der Bevölkerung. Seine Aufgabe erfüllt er so gut, dass sogar seine Brüder aus ihrer Heimat anreisen, um in Ägypten Getreide zu kaufen. Josef begegnet ihnen ohne Vorbehalt und voller Vergebung. Seinen Glauben und seine Haltung gegenüber Gott bringt er ihnen mit einem beeindruckenden Statement zum Ausdruck:

> **„Ihr wolltet mir Böses tun, aber Gott**
> **hat Gutes daraus entstehen lassen.**
> **Durch meine hohe Stellung konnte ich**
> **vielen Menschen das Leben retten."**
> *(1. Mose 50,20)*

Die Bibel enthält noch zahlreiche andere Berichte über Menschen in Extremsituationen. Menschen, die Mordanschläge knapp überlebten, heftige Gewalt erlitten oder von einer Minute zur anderen alles verloren. Durch alle diese Berichte zieht sich ein roter Faden:

> **„Der HERR ist denen nahe,**
> **die verzweifelt sind, und rettet diejenigen,**
> **die alle Hoffnung verloren haben."**
> *(Psalm 34,19)*

Jesus selbst hat während seiner Zeit hier auf der Erde schlimmste Qualen und Nöte erlebt. Er war ganz Mensch und weiß, was wir Menschen durchmachen und wie es in uns aussieht. Jesus Christus war und ist aber zugleich auch ganz Gott. Seine Einladung, bereits vor langer Zeit ausgesprochen, gilt noch heute:

„Kommt alle her zu mir, die ihr euch abmüht und unter eurer Last leidet! Ich werde euch Ruhe geben."
(Matthäus 11,28)

Christliche
Polizei-
vereinigung
C_PV

Christen in der Polizei

D ie Christliche Polizeivereinigung e. V. (CPV e. V.) ist ein überkonfessioneller, gemeinnütziger Berufsverband, in dem sich aktive und pensionierte Mitarbeiterinnen und Mitarbeiter der Polizeien des Bundes und der Länder aus den beiden großen Kirchen sowie zahlreichen weiteren christlichen Konfessionen zusammengeschlossen haben.

Das staatliche Gewaltmonopol fordert besonders die Polizei, die häufig unter hohem Zeitdruck und bei noch ungesicherter Faktenlage über Erfordernis und Zulässigkeit von Zwangsmaßnahmen entscheiden und diese unmittelbar ausführen muss. Die CPV will dazu ermutigen, diese und andere Herausforderungen in der besonderen Verantwortung vor Gott und mit seiner Hilfe wahrzunehmen.

Dazu werden für verschiedene Situationen praktische Orientierungs- und letztlich Lebenshilfen angeboten: durch Gespräche, Beratung, Begleitung und Gebet. Dies oft in Verbindung und mit Unterstützung der Polizeiseelsorge und Notfallseelsorgern vor Ort. Mit unserem Wissen, unseren Erfahrungen und Überzeugungen, basierend auf dem christlichen Glaubensbekenntnis, ermutigen wir

Menschen zum Christsein auch im beruflichen Umfeld. In Anlehnung an ein Bibelwort (Jeremia 29,7) ist es unser Ziel, „der Stadt Bestes zu suchen".

Wir möchten, dass christliche Werte dort sichtbar werden, wo Menschen mit Menschen zusammenleben und -arbeiten – in jeder Dienststelle der Polizei. Wir laden zu Seminaren und digitalen Impulsen mit berufsethischen Inhalten ein, bieten praxisnahen Austausch mit erfahrenen Polizistinnen und Polizisten und vermitteln kompetente Beratung in Krisenzeiten. Auch die (Ehe-)Partnerinnen und -partner sowie die Familien liegen uns am Herzen. Dazu gehört ebenso soziale Hilfe, unabhängig von der religiösen Überzeugung des Bedürftigen.

Mitarbeiterinnen und Mitarbeiter der Polizei müssen immer wieder mit schlimmen Eindrücken fertig werden. Manche Erlebnisse gehen so unter die Haut, dass sie zu ernsthaften seelischen Schäden führen können. Wir informieren über die Problematik der posttraumatischen Belastungsreaktion und vermitteln professionelle Hilfe.

Extremistische Ideologien und Weltanschauungen sind und waren mit dem Menschenbild der Bibel und dem christlichen Liebesgebot nicht zu vereinbaren. Wir lehnen sie genauso wie Antisemitismus ab und sehen insbesondere aufgrund des Holocaust eine besondere Verantwortung.

Auf internationaler Ebene pflegen wir Verbindungen zu anderen christlichen Polizeivereinigungen.

BUCHTIPP

Neues Testament für Polizeiangehörige

„Besondere Hilfe für Polizeibedienstete in den Belastungen des Polizeiberufs"
(Bundesinnenminister a. D. Thomas de Maizière)

Die Mitarbeiterinnen und Mitarbeiter der Polizei werden regelmäßig mit herausragenden Sachverhalten konfrontiert. Viele Ereignisse sind aufgrund von Art und Ausmaß belastend, beispielsweise Todesursachenermittlungen, schwere Verkehrsunfälle, Sexualdelikte, aber auch Respektlosigkeiten vom „Gegenüber", häusliche Gewalt u. v. m. Diese Erlebnisse können beim Einzelnen zu physischen und/oder psychischen Belastungen führen. Hier will die Christliche Polizeivereinigung ansetzen und „Handwerkszeug" bieten: durch therapeutisch-seelsorgerliche Hilfe, Stress- und Ursachenerkennung, Prävention und der Motivation zu einer gesunden Lebensführung.

„Das von der Christlichen Polizeivereinigung herausgegebene ‚Neue Testament für Polizeiangehörige' ist eine Erfolgsgeschichte. Das macht schon die große Nachfrage deutlich, die nun bereits zur fünften Auflage geführt hat. Sie zeigt, dass uns dieses ganz und gar außergewöhnliche Buch auch heute noch viel zu sagen hat", schrieb der damalige Bundesminister des Innern Dr. Thomas de Maizière im Vorwort des genannten Buches.

Bereits 60 000 Exemplare wurden in mehreren Auflagen gedruckt und in der Polizeiliteratur durchweg positiv rezensiert:

- *„komprimierte Darstellung biblisch-ethischer Werte"* (Hamburger Polizeijournal 5/2017)
- *„Polizeibibel" – eine Erfolgsgeschichte!"* (Bayerns Polizei 2/2016)
- *„bewegende Erlebnisse und Erfahrungsberichte"*, *„gut verständliche biblische Texte"* (der kriminalist 3/2015)
- *„spannende Rahmentexte, welche die Bezüge zwischen Polizeiarbeit, Bibel und Glauben aufzeigen"* (Bundespolizei kompakt 5/2015)
- *„Suche nach biblischen Einzelthemen durch ein komfortables Suchregister erleichtert."* (Deutsche Polizei 7/2014)
- *„keine Bibelübersetzung ‚in Amtsdeutsch'"* (Hamburger Polizeijournal 6/2013)
- *„Auswahl wichtiger Psalmen, die uns auch in heutiger Zeit noch viel zu sagen haben."* (Polizeijournal Mecklenburg-Vorpommern 2/2011)

Die „Polizeibibel" enthält neben gut verständlichen Texten des Neuen Testaments sowie der Psalmen bewegende Erlebnisse und Erfahrungsberichte von Polizeibeamten aus Bund und Ländern. Zudem finden sich darin Informationen für Todesbenachrichtigungen sowie eine komprimierte Darstellung biblisch-ethischer Werte. Abgerundet wird das Buch durch einen Überblick über die Aufgaben der Polizeiseelsorge. Für die letzte Auflage wurden die Begleittexte vollständig überarbeitet und um das wichtige Thema Posttraumatische Belastungsreaktion ergänzt.

Bayerns Innenminister Joachim Herrmann schreibt dazu in seinem Grußwort: „Ich wünsche von ganzem Herzen, dass die Kolleginnen und Kollegen aus diesem ‚Buch der Bücher' weiterhin viel Kraft, Halt und Zuversicht für die Herausforderungen ihres belastenden Dienstes schöpfen."

Das Buch ist gegen eine Spende erhältlich
bei der Bundesgeschäftsstelle der
Christlichen Polizeivereinigung e. V.,
Max-Planck-Str. 5, 42579 Heiligenhaus,
Tel. +49 (0) 2056 595 3809;
info@cpv-online.org
www.cpv-online.org

CPV Austria
Christliche Polizei Vereinigung

**Es soll euch zuerst
um Gottes Reich und
Gottes Gerechtigkeit
gehen, dann wird euch
das Übrige
alles dazugegeben.**

Matthäus 6,33

www.cpv-austria.at

Hartmut Jaeger/Markus Wäsch (Hrsg.)
kurzgefasst

In der Reihe **kurzgefasst** werden zentrale Glaubensthemen kurz und bündig behandelt, und es wird versucht, das Wichtigste auf den Punkt zu bringen. Bisher in dieser Reihe erschienen:

Jesus Christus
Best.-Nr. 273 910
ISBN 978-3-89436-910-1

Existiert Gott?
Best.-Nr. 273 938
ISBN 978-3-89436-938-5

Was bringt Religion?
Best.-Nr. 271 102
ISBN 978-3-86353-102-7

Wo ist Gott im Leid?
Best.-Nr. 271 199
ISBN 978-3-86353-199-7

Die Bibel
Best.-Nr. 273 911
ISBN 978-3-89436-911-8

Leben nach dem Tod
Best.-Nr. 273 973
ISBN 978-3-89436-973-6

Leben – und wozu?
Best.-Nr. 271 153
ISBN 978-3-86353-153-9